
LEBENSGESCHICHTEN

Gerti Michaelis Rahr
Der Vorhang fiel

Gerti Michaelis Rahr

Der Vorhang fiel

Lebenswege einer Künstlerin
durch drei Diktaturen

demand.

ISBN 3-935093-33-0

© demand verlag, Waldburg 2004
Umschlaggestaltung: demand Grafik
Herstellung: Books on Demand GmbH, Hamburg
Printed in Germany

Gewidmet meinen Kindern

Inhalt

Vorwort 9

I.

Auftakt zum Tanz 11
Jugend unter der Hitler-Diktatur und im Krieg

II.
Russisches Intermezzo 71
Gefangen im Internierungslager bei Moskau

III.
Liebe und Haß hinter dem Eisernen Vorhang 93
Leben in Ungarn unter kommunistischer Diktatur

IV.
Tanz ist der Ausdruck meiner Seele 175
Wieder in der Heimat in einem freien Europa

Danksagung 195

Über die Autorin 197

Die Künstlerin mit 20 Jahren am Staatstheater Weimar

Vorwort

Die Entstehungsgeschichte dieses Buches ist ungewöhnlich wie so viele der Lebenswege, die darin geschildert werden.

Ich hatte nie vor, ein Buch zu schreiben. Meine künstlerische Berufsausbildung begann in Stettin, meine Karriere spielte auf Theaterbühnen, mein Leben war der klassische Tanz. Aber es war auch bestimmt durch die leidvollen Wege in Kriegsjahren und Diktaturen.

Wenn ich geahnt hätte, welche Herausforderung es mit sich bringen würde, nach acht Jahrzehnten zurückzublicken und sich dieser Erinnerungsarbeit zu stellen, hätte ich mich kaum auf das Schreiben eingelassen.

Zu häufig bat man mich aber, meine außergewöhnlich verlaufenen Lebensabschnitte schriftlich zu dokumentieren. Obwohl ich mich selten darüber äußerte, warf allein die Tatsache, lange Zeit in Ungarn gelebt zu haben, immer wieder Fragen auf. Was hatte mich nach dem Zweiten Weltkrieg in das osteuropäische Land geführt, obwohl ich doch einen deutschen Nachnamen trage? Wie gestaltete sich das Leben einer Deutschen unter dem kommunistischen Regime in Ungarn?

Und schließlich hatte ich sogar drei Diktaturen kennen lernen, erleben müssen.

Zögernd traf ich die Entscheidung, eine Aufzeichnung zu erstellen. Meine Familie bestärkte mich in dem Vorhaben. Die ursprüngliche Idee war, meine Erlebnisse nur für einen kleinen Kreis zu Papier zu bringen. Manche langen Gespräche mit meinem Sohn über einzelne Lebensabschnitte wiesen schließlich den Weg, meine Erinnerungen für ein Buch niederzuschreiben.

Ich ahnte nicht, welche Emotionen der fast zwei Jahre dauernde intensive Rückblick in die Vergangenheit auslösen würde. Galt es doch, über sechzig Jahre aufzurollen, realistisch und sachlich die Fakten aufzuzeichnen. Eine Unterstützung bot mir ein seit meiner Kindheit selten gutes Erinnerungsvermögen, welches mich in die Lage versetzte, auch noch nach Jahrzehnten Ereignisse bildlich zu rekonstruieren oder Dialoge wortgetreu wiederzugeben.

Wenn ich in meinem kleinen Arbeitszimmer durch das geöffnete Fenster auf meinen Garten blickte, mal schneebedeckt, mal in Blütenpracht, oder wenn ich in den nachtdunklen Himmel schaute und dann zurück auf den Schreibblock, nahmen die Erlebnisse und Personen Bild und Gestalt an. Ich erlebte und durchlebte nochmals die Zeiten von Glück und Leid, Liebe und Haß. Es gab Momente, in denen ich den Kopf auf den Schreibtisch legte und den Tränen freien Lauf ließ.
Vielen Menschen meines Jahrgangs wird es ähnlich ergehen, wenn sie in dieser Intensität an ihr Leben zurück denken. Meine Aufzeichnungen sind nicht die einzigen, welche die Zeit ab den zwanziger Jahren des vergangenen Jahrhunderts behandeln, es hat erschütterndere Schicksale gegeben. Doch kaum welche, die annähernd identisch sind mit meinem Leben.

Oft waren es Zufälle oder eine Art von Fügung, welche mich führten, aber letztlich auch unbeschadet Elend, Schrecken und Erniedrigung überstehen ließen. Ebenso oft halfen mir Lebenswille und Mut, an den grauenvollen Tagen in Dresden oder Berlin der letzten Kriegswochen, an der Verschleppung ins sowjetische Internierungslager, an den Jahren hinter dem „Eisernen Vorhang" in Ungarn nicht zu zerbrechen.
Stets half mir meine tiefe Liebe zur Heimat, worunter ich heute nicht mehr ein Nationalland allein verstehe.

Nachkommenden Generationen möge man nicht nur Geschichtszahlen über das vergangene 20. Jahrhundert vermitteln, sondern auch die hinter Zahlen und Fakten verborgenen menschlichen Tragödien dieser Epoche nahe bringen. Heute leben wir in Europa in Freiheit, und ich fühle mich befreit von den dunklen Seiten der Erinnerungen durch das geschriebene Wort.

I.

Auftakt zum Tanz

Jugend unter der Hitler-Diktatur und im Krieg

1.

Als ich nach fünfzig Jahren für eine kurze Zeit wieder in meiner Geburtsstadt verweilen durfte, ahnte ich kaum, daß Erinnerungen so intensiv die Vergangenheit in mir erwecken würden. Vergessen hatte ich dich nie, meine schöne Heimatstadt Stettin.

In dieser norddeutschen Stadt wurde ich in eine Welt mit folgenschweren Ereignissen geboren und verbrachte hier und an den Ostseestränden dennoch eine weitgehend sorglose Kindheit und Jugend.

Bei meiner Wiederkehr waren mir viele Straßen Stettins noch gut vertraut, wenn auch zahlreiche Gebäude und das Theater aus der Zeit meiner Kinderjahre fehlten. Auch sonst nahm ich wahr, daß seit fünf Jahrzehnten hier Angehörige eines anderen Volkes leben. Trotz irritierender Eindrücke, wenn Vergangenheit und Gegenwart sich mischen, überkam mich ein Gefühl des Zuhauseseins. Ich dachte immer wieder an eine meist glückliche Jugend zurück, an eine erste zarte Liebe, und noch weiter zurück an meine Kindertage...

Es war das Jahr 1995, da stand ich als alternder Mensch vor der Wohnung meiner Eltern. Sie mußten in den Kriegswirren aus Stettin flüchten und alles zurück lassen, für sie hatte es in diese Stadt keine Rückkehr mehr gegeben. Ich ging durch den einstigen Stiftsgarten meiner im Klinkerbau erstellten Internatsschule. Ich dachte an Klassenzimmer, Flure, Treppen des Oberlyceums Stift Salem, in dessen Räumen man bemüht gewesen war, uns zu aufrechten Erwachsenen zu erziehen.

Wohin waren die Jahre entschwunden, in denen ein verheerender Krieg Leid und Elend vielen Menschen auferlegt hatte. Ungewollt, nicht vorhersehbar, durch welches Schicksal hervorgerufen? Doch ohne Groll im Herzen schlenderte ich durch die Straßen, über die Plätze, betrachtete den einst stolzen Hafen der Stadt.

Ja, die Prachtstraße Stettins, sie hieß damals Paradeplatz. Ihre nach wie vor von Bäumen eingesäumte Promenade und die links und rechts sie begleitenden Fahrbahnen ließen in mir die Erinnerung ans Flanieren aufleben. Hier trafen wir uns als junge Oberschüler zum Klönen über die „wichtigen Ereignisse" des Schulalltags, die wir uns kichernd erzählten. Hier spazierend knüpften wir lose Freundschaften und warfen uns auch mal mit Jungen verliebte Blicke zu. Die Flanierzeile nannten wir den „Bummel", bis zum Ende meiner Schulzeit verbrachte ich mit meinen Mitschülerinnen manche freie Zeit auf dem Paradeplatz.

Die Straße mündete in den Kaiser Wilhelm Platz. Wie dereinst umkreist eine Straßenbahnlinie mit der Nummer 5 den Platz, den seinerzeit das Reiterstandbild Kaiser Wilhelms II. schmückte. Das Denkmal hatten die Polen abgebaut, dem Platz einen anderen Namen gegeben. Ich hatte noch das Klingeln der Linie 5 im Ohr. Von damals, von heute? Lief wie in Kinderjahren vom Platz durch die Straße, die für mich Bismarckstraße hieß, gelangte über die Falkenwalderstraße in die Turnerstraße. Dort wohnte ich einmal.

Fassaden der hohen, eleganten Mietshäuser mit schönen Erkern und Balkonen riefen durch ihre nach wie vor sichtbaren Einschußstellen die Periode des Kriegsgeschehens wach.

Hier hatte jetzt ein anderes Volk seine Daseinsberechtigung gefunden. War es Recht oder Unrecht, was durch kriegerischen Überfall und der später folgenden Vertreibung hervorgerufen und entschieden worden war? Der Heimatverlorene findet auf diese Frage keine Antwort.

Die Erinnerung brachte die Zeiten jener Sorglosigkeit wieder zurück, sie wurde lebendiger als ich annahm. So sah ich mich hüpfend und springend durch die Straßen mit meinen Ballettschuhen im Köfferchen zum Theater laufen, um Unterricht zu nehmen. Wenn im Elternhaus Musik ertönte, gab es für mich nur einen Wunsch. Ich mußte tanzen. Mit acht Jahren war ich ein kleines, zartes Mädchen, mit dem Drang, Musik in Tanz umzusetzen.

Mein Vater war ein musisch veranlagter Mensch. Viel von seiner Freizeit verbrachte er am Klavier, er spielte vorwiegend klassische Musik. Und er las gern Bücher aus seiner umfangreichen Bibliothek. Schon als junges Mädchen weckten auch diese Bücher meine Neugier, wie sie in der großen Bibliothek mit ihren holzverrahmten Glasscheibentüren in Reih und Glied standen. Ich bewunderte die in Leder gebundenen Klassiker mit Goldaufdruck oder das große Meyer's Lexikon. Das kostbare Buchmaterial stammte aus einer Erbschaft des Großvaters, der als reicher Kaufmann durch Kriegsanleihen im ersten Weltkrieg seinen gesamten Reichtum und seine Häuser verloren hatte. Im nächsten Weltkrieg gingen auch diese Bücher verloren. Oder stehen sie noch in einer polnischen Bibliothek? Ich fand damals auch die vom Vater bevorzugten Bände der Philosophen. Er las sie sehr häufig, die alten griechischen Denker wie Platon und Aristoteles, ebenso Kant, Hegel und Nietzsche. Nach kurzem Hineinblättern mußte ich enttäuscht feststellen, daß mir diese Bücher unverständlich blieben. Doch die Liebe zur Musik und die tiefe Naturverbundenheit konnte ich schon in ganz jungen Jahren mit meinem Vater teilen.

Er hätte gern selbst den Beruf des Konzertpianisten ausgeübt. Und durfte wohl das Konservatorium absolvieren, mußte dann aber einen kaufmännischen Beruf ergreifen. Denn der Großvater meinte: „Leierkastenmänner gibt es genug in Deutschland."

So wurde mein Vater statt Künstler Leiter einer großen Lebensmittelfirma.

Selten schlief ich abends ohne Musik ein, hörte dem Vater beim Musizieren zu, träumte vom Tanzen, bis mir die Augen zufielen. Verständnis zeigte mein Vater wohl für meine Tanzerei, liebte es aber mehr, wenn meine Schwester und ich singend neben dem Flügel standen. Schon in meinen jungen Jahren besuchte ich die Oper, Konzerte und Vorträge wurden auch für die ganze Familie gebucht, so daß ich mit kulturellen Ereignissen verschiedener Art aufwuchs. An anderen Abenden hörten wir zu Hause Radio, meine Mutter, das gute Hausmütterchen, überwachte dabei unsere Handarbeiten, die sie lehrreich unterstützte.

An Wochenenden radelte die Familie in die Natur hinaus. Von unserer Wohnung erreichten wir bei festem Tritt in die Pedale nach einer viertelstündigen Fahrt das Stettin umgebende, große Waldgebiet mit vielen Wander- und Radwegen, idyllisch gelegenen Seen und weiten Wiesenlandschaften, durch die gluckernde Bäche ihren Lauf fanden. Häufig wählten wir als Ziel die „Sieben-Bach-Mühlen", die sich entlang eines rauschenden Bachlaufs in kurzen Abständen aneinander reihten. Längst hatten die Mühlen ihre eigentliche Tätigkeit aufgegeben und empfingen als Gaststätten die naturverbundenen Ausflügler.

Der Weg dorthin führte über leichte Hügel. Aber weil die Mutter anfänglich keine geübte Radlerin war, verlor sie bei einem Ausflug, auf abschüssigem Pfad über eine Wurzel fahrend das Gleichgewicht. Sie landete in großem Bogen samt Fahrrad im Gebüsch. Dem großen Schrecken folgte ein schallendes Gelächter aller Anwesenden, als sie mit ein paar kleinen Kratzern, doch sonst unversehrt aus dem Gebüsch gestiegen war.

Für meine Mutter hatte sich mit dem Radeln ein Kindheitstraum erfüllt. Ihr Vater, ein Vorarbeiter, der zehn Kinder hatte, konnte dem Wunsch des Mädchens nicht nachkommen, wenn es bat: „Vater, schenk mir doch ein Velociped." So nannte man in ihrer Kindheit das Fahrrad.

Jede Mühle hatte einen anderen Namen. Nach kurzer Rast in der „Schmetterlingsmühle", und nachdem wir Kinder im Wald uns Blumensträuße gepflückt hatten, radelten wir heimwärts. An der Stadtgrenze angelangt, durften wir Kinder noch die schöne grüne Waldmeisterlimonade schlürfen, die an der Selterbude verkauft wurde. Das war eigentlich keine Bude, sondern ein Holzhäuschen mit vier Öffnungen, aus denen man uns in einem gewachsten Pappbecher die beliebte Limo reichte. Spaß hatten wir beim Trinken, wenn uns die Kohlensäure spritzend die Nasenspitze berieselte, was bei uns einen Lachreiz hervorrief.

Die langen Sommerferien verbrachten wir ständig an der ostpommerschen Ostseeküste mit ihren endlos weißen Stränden, dem zartgrünen Dünengras, das der sanfte Wind hin und her tänzeln ließ, und mit leichtem Plätschern der Wellen am Ufer die Stille unterbrach. Die dunklen knorrigen Kiefern bildeten den Hintergrund zu dieser einzigartig herben Landschaft. Sie war reizvoll und bizarr zugleich. Meilenweit konnten wir am einsamen Strand wandern, fanden hier und da zwischen den Muscheln ein Stück Bernstein, den das Meer uns schenkte. Wie viel Friede herrschte in dieser Natur, in der nach dem Kiefernwald sich unendlich weite Kornfelder erstreckten, an deren Ränder sich roter Mohn und tiefblaue Kornblumen reihten. Das Getreidefeld glich mit seinen wogenden Ähren den Wellen des Meeres, wenn ein Windstoß leicht darüber hinwegfegte. Auf den üppig umsäumten Blumenpfaden wärmte die Sonne die Erde, wo wir Kinder barfuß im Sand Sträuße für ein Blumenfest pflückten, um uns zu schmücken. Mit Kornblumenkränzen im Haar auf pferdebespannten Leiterwagen endete unser Fest nach Spiel und Tanz mit einer Fahrt in der verblassenden Sonne durch die Feldwege, und in der Ferne sang eine Lerche noch ihr Abendlied.

Die stille Liebe zum Meer, der Friede dieser Landschaft, sie prägten meine Kindheit und Jugend. Sie begleiteten mich als Erinnerung und als Heimweh durch lange Jahre des Elends und der Gefangenschaft, blieben lebendig durch das Erwachsenwerden bis ins hohe Alter hinein. Vermögen auch Landschaften die Identität eines Menschen zu formen? Vielleicht lag hier der Ursprung in meiner späteren Entwicklung, schwierigen Lebenslagen mit friedlichem Ausgleich zu begegnen und sie zu lösen. Der Weg dahin führte aber oft über dornige und keine blumigen Pfade.

Von zierlichem Körperbau und klein an Wuchs nahm ich meinen Ballettunterricht sehr ernst. Der strenge Ballettmeister benutzte auch mal sein Rohrstöckchen mit einem Hieb auf die noch unterentwickelten Wadenmuskeln, wenn die Ausführungen der Übungen im Spitzentanz nicht präzise genug waren. Das konnte meinen Aufwand an Energie nicht bremsen, selbst wenn ich am Ende des Unterrichts blutende Zehen aus dem Spitzenschuh zog. Und wie die geblutet haben! Jede Tänzerin muß diese harte Schule durchlaufen. Ohne zu wissen, ob und wie der Tanz das spätere Leben begleiten, bestimmen wird.

Wenngleich meine Erziehung als liberal bezeichnet werden konnte, wo Wünsche und Ansichten bei den Eltern durchaus Gehör fanden, so legte man auch großen Wert auf konservativen Aufwuchs in der Entwicklungsphase: Respekt gegenüber Erwachsenen, Freundlichkeit und Höflichkeit den Mitmenschen gegenüber, Kameradschaft mit den altersgleichen Jugendlichen.

Diese Ziele unterstützte die Internatsschule Oberlyceum Stift Salem mit evangelischer Erziehung, in die ich mit zehn Jahren eingeschult wurde. Im Allgemeinen vertraten meine Eltern die Auffassung, zu einer guten Erziehung gehöre ein gebildetes Allgemeinwissen, um einen gesellschaftlichen Standard zu erreichen. Stift Salem war eine reine Mädchenschule für externe Schülerinnen und Internat für die Töchter der ostpommerschen Rittergüter.

Als Zehnjährige registrierte ich durchaus, daß inzwischen unruhige Zeiten in Deutschland herrschten. Man hatte die Auswirkungen des ersten Weltkrieges (1914 - 1918) politisch kaum gelöst und die Weimarer Verfassung brachte keine Entspannung der Probleme. Die Arbeitslosigkeit stieg enorm und die männliche berufslose Jugend verunsicherte pöbelnd die Straßenecken. Betroffen waren vorwiegend die 15 bis 20-Jährigen. Durch zeitweilige Hilfsarbeiten konnten sie sich einen geringen Lohn erwerben, den sie oft gleich in Alkohol und Rauchwaren umsetzten. Wir nannten diese jungen Männer die „Luschen". Sie waren von Kindern wie von Erwachsenen gefürchtet. Die kriminellen Handlungen der Luschen waren Stadtgespräch. Frauen mußten in der Dunkelheit um ihre Handtaschen fürchten, und selbst Kindern entrissen die Luschen ihr Einkaufsgeld, mit dem diese zum Kaufmann geschickt wurden. Wenn ich mit frisch gestärktem und gebügeltem Kleidchen an ihnen vorbei um die Ecke zum Bäcker rannte, spuckten sie im großen Bogen mir nach und riefen: „Kick mal, dat is och so ene von de Besseren."

An Abenden, schon lange vor 1933, zogen aber auch immer häufiger braun uniformierte Männer mit Fackeln durch die Straßen und sangen ihre Kampflieder.
„Die Fahne hoch... SA marschiert mit ruhigem festem Schritt ..."
Manchmal kam es zu Schlägereien zwischen den Luschen und den Uniformierten, und berittene Polizei mußte eingreifen.
Viele Jugendliche waren von den Aufmärschen begeistert, traten der Sturmabteilung bei, die Hitler während seines Kampfes um die Macht ins Leben gerufen hatte und dessen Ziele sie blind unterstützten. Die Fackelumzüge der Uniformierten riefen bei wachsenden Teilen der Bevölkerung ebenfalls Begeisterung hervor. Der Nationalsozialismus faßte mehr und mehr Fuß, Hitler gelang 1933 die Machtübernahme. Wir hatten eine neue Regierung, unter der sich das gesellschaftliche Leben der Bevölkerung rasch änderte. Die arbeitslose Jugend verschwand von der Straße. Sie fanden in Fabriken oder im Arbeitsdienst Beschäftigung, wurden im Straßenbau und bei Waldarbeiten eingesetzt. Es herrschte Ordnung und Disziplin unter der Jugend, die Unruhe stiftenden Luschen gab es nicht mehr.
Die tieferen Ursachen dieser Entwicklung und die grauenhaften Jahre, die folgen sollten, begriff und sah ich damals nicht, die politische Lage interessierte mich kaum, ich war mit zwölf Jahren zu jung. Doch schon bald stimmten mich manche Vorkommnisse nachdenklich. Im Ballettunterricht hatte ich eine Freundin, sie hieß Miriam B., mit der ich häufig Besuche bei ihren und meinen Eltern austauschte. Eines Tages hieß es,

sie dürfe als jüdisches Kind nicht mehr am Unterricht im Stadttheater teilnehmen. Mit dieser Bezeichnung „Jude" wußte ich zunächst nichts anzufangen und traf mich weiterhin mit ihr. Als ich sie einmal wieder besuchen wollte, erklärte die Mutter an der Tür, sie sei plötzlich sehr krank geworden und kürzlich verstorben. Was da passiert war, habe ich nie erfahren.

Schon in jungen Jahren der Lieblingstanz: Csárdás

Meine andere Freundin, Ursel L., reiste oft zu ihrem Onkel, dem Besitzer des Ullstein Verlages, nach Berlin. Überraschend hatten Onkel und Tante den Wohnsitz nach England verlagert und ihre Villa mit sämtlichem Mobiliar zurückgelassen. Was ging hier eigentlich in Deutschland vor? Ich verstand es nicht. Es ging mir auch nicht in den Kopf, warum wir in der Schule alle mit behördlichem Ahnennachweis bestätigen mußten, rein arischer Abstammung zu sein. Stift Salem hatte damit nichts zu tun, lediglich die Einziehung der Dokumente durchzuführen. Was das Wort „arisch" überhaupt bedeutete, was Rassenideologie bezweckte, begann ich erst später zu erahnen, im Lager Buchenwald noch nicht, aber in der Munitionsfabrik.

Noch genoß ich meine Jungmädchenzeit. Wenn Schule und Ballettunterricht Freiraum ließen, fuhr ich mit meinen Freundinnen im Dampfer von Stettin Oder abwärts an die geliebte Ostsee, über das Stettiner Haff, ein sehr fischreiches Binnengewässer, an die Meeresküste. Oft durften wir mit Genehmigung des Kapitäns den Dampfer durch die Fahrrinne des Haffs selber steuern. In den Mulden der Dünen sonnten wir uns, um dann die erhitzten nackten Körper im Meer abzukühlen. Am Abend konnten wir nie der Versuchung widerstehen, auf dem Fischmarkt noch eine frisch geräucherte Flunder und Brötchen für 50 Pfennige zu kaufen, bevor wir die Heimfahrt auf dem Dampfer in der untergehenden Sonne über das Haff antraten.

Meist saßen wir im Heck des Dampfers, und ich schaute mit von der Sonne geröteten Wangen in das sprudelnde Kielwasser, das unser Schiff hinterließ. Weißlich schimmerten die langen Streifen auf der Wasseroberfläche. An den entfernten Ufern des Haffs tauchten manchmal verträumt liegende kleine Fischerkaten auf.

Diese Eindrücke, das Wasser, die Landschaft, vertieften meine Liebe zur Natur. Mein Herz jubelte leise, ich blickte lange in die Sonne am Horizont, und noch immer lag der genüßliche Geschmack der Räucherflunder mit knusprigem Brötchen auf der Zunge, wenn wir in unseren Heimatfluß, die Oder, einschipperten.

Wenn im Stettiner Hafen ein Schulschiff der Marine seine Ankunft anmeldete, fieberten alle jungen Mädchen und Frauen dem Ereignis entgegen. Mit Fähnchen und Tüchern liefen wir zum Hafen hinunter, wo schon eine Blaskapelle musizierte, um einen zünftigen Empfang vorzubereiten. Es war ein erhebender Moment, wenn in den weißen Segeln bis in schwindelnden Höhen stehend die blauen Matrosen mit ihrem Segelschiff Einzug hielten. Mit Sträußchen zur Begrüßung umarmten wir die blauen Jungen, und nach ein paar Tagen Aufenthalt im Hafen sah ich manches junge Mädchen tränenden Auges dem auslaufenden Schulschiff nachwinken. Kurzweilig ist die Liebe im Hafen, meine Liebe für Hafenstädte blieb jedoch ein Leben lang bestehen.

Für die meisten Oberschüler war es selbstverständlich, an einem Kurs für Gesellschaftstanz teilzunehmen. Nicht allein das Erlernen dieser Tänze stand im Mittelpunkt, wir sollten im sogenannten Anstandsunterricht auch darin unterwiesen werden, wie sich junge Damen und Herren im gesellschaftlichen Leben zu verhalten hatten. Nun, wenn es um Tanz ging, mußte mir meine Mutter die Teilnahme an einem Kurs nicht zweimal vorschlagen.

Noch ein wenig verschüchtert traten wir Lernenden uns bei den ersten Begegnungen und Tanzschritten gegenüber. Die Scheu überwanden wir schnell, ich besonders, als ein gut aussehender Schüler mir anbot, mich auf dem Heimweg zu begleiten. Jede junge Dame wurde von einem Partner nach Hause gebracht.

Der wöchentliche Tanzkurs nachmittags, der im Herbst begonnen hatte, dauerte ein halbes Jahr und endete im Frühling mit einem Abschlußball. In meinem ersten Ballkleid aus rosa Tüll, mit Seidenblumen verziert, schwebte ich zu den Klängen der Tanzkapelle mit meinem Partner Wolfgang durch den Tanzsaal. Noch glücklicher war ich, einen Auftritt mit einem Spitzentanz geben zu dürfen.

Als Siebzehnjähriger durfte Wolfgang schon ein leichtes Motorrad fahren. Mit Genehmigung meiner Eltern holte er mich an manchen Nachmittagen von zu Hause ab. Unsere Fahrt führte natürlich zum Bummel, um auf dem Paradeplatz auf und ab fahrend zu flanieren. Neidvoll blickten viele Jugendliche auf uns, wenn wir mit dem Motorrad die Aufmerksamkeit bei unseren Freunden auf uns gelenkt hatten.

„Das ist meine Freundin Schnuck", stellte mich Wolfgang seinen mir unbekannten Klassenkameraden vor.

Wir waren schon ein bißchen ineinander verliebt, als ich mit sechzehn Jahren bei seinem ersten zarten Kuß erbebte. Das Frühlingserwachen dieser ersten Verliebtheit empfand ich Tag um Tag als wunderbarer.

Abends schaute ich verschämt in den Spiegel, ob mein Gesicht wohl meine Empfindungen verriet.

Zu acht Uhr abends hatte ich stets zum Abendessen bei Tisch zu erscheinen. Eines abends, als Wolfgang und ich vor der Haustür noch Küsse wechselten, verspätete ich mich um eine Viertelstunde. Mein Vater duldete keine Verspätungen, war erzürnt, und ließ mich das Abendessen in der Küche einnehmen.

In Begleitung von Erwachsenen habe ich mit Wolfgang noch auf einigen Jugendbällen getanzt. Er wurde dann Soldat.

Für Freizeitgestaltung blieb mir immer weniger Gelegenheit. Denn im Theater hatte ich schon Auftritte in Kindervorstellungen mit tänzerischen Einlagen, die an Nachmittagen stattfanden. Zwischen den Auftritten paukte ich in der Garderobe französische Vokabeln oder lernte sonstige Aufgaben. Von Seiten der Eltern hieß es, wenn die schulischen Leistungen nachlassen sollten, würde jegliche Nebenbeschäftigung eingestellt. Das bedeutete, die Zeit sehr genau einteilen zu müssen, zumal auch noch mein Gesangslehrer in der Schule bei mir eine schöne Stimmlage festgestellt hatte und mich im Kirchenchor mitwirken ließ, wo er Organist war.

Während junge Mädchen und Schulkameradinnen sich für den „Bund deutscher Mädchen" (BDM) in der Hitlerjugend begeisterten, galten meine Ambitionen fast ausschließlich der künstlerischen Tätigkeit. Ich zeigte auch keine Neigung, irgendeiner politischen Vereinigung beizutreten.

Einen indirekten Zwang zum Beitritt in die Hitlerjugend übte man dadurch aus, daß die Jugendfahne auf dem Schulgebäude nicht gehißt werden konnte, wenn nicht alle Schülerinnen als Mitglieder gemeldet waren. So bat man meine Eltern zu einer Erklärung ins Oberlyceum. Sie begründeten ihre Ablehnung der Mitgliedschaft ihrer Töchter im BDM damit, daß sie eine politische Jugenderziehung nicht für erforderlich hielten. Der wahre Grund war vielmehr, daß die Machtergreifung Hitlers auch in unsere Familie Unglück brachte. Mein Onkel Franz Hellwig, der Bruder meiner Mutter, verlor mit sofortiger Wirkung seinen Posten als Vorstand der Handwerkerinnung im Hamburger Senat. In der Kampfzeit Hitlers hatte er in einem Zeitungsartikel die deutschen Mütter davor gewarnt, ihre Söhne dem Führer der Sturmabteilung Rhöm anzuvertrauen.

In Stettin, Anfänge im Spitzentanz.

Sturmführer Ernst Rhöm wurde ein Jahr nach der Machtergreifung auf Befehl seines Duzfreunds Hitler verhaftet und erschossen. Mein Onkel als überzeugter SPD-Mann und Gewerkschaftler überlebte immerhin, konnte aber erst nach 1945 rehabilitiert und invalidiert werden.

Seinen Tod im Jahr 1956 haben Politiker, Institutionen und die Bevölkerung betrauert, der Friedhof glich einem Blumenmeer.

Diktaturen zeigen willkürlich, bei ehemaligen Parteigenossen wie bei Andersdenkenden, ihre unbarmherzigen Krallen. Ich würde das noch eindringlich in der stalinistischen Ära in der Sowjetunion und in Ungarn erfahren.

Das Zeitgeschehen nahm weiter seinen unglücklichen Verlauf, in das die schreckliche Nachricht platzte: Hitler erklärte mit einem sofortigen Einmarsch in Polen unserem Nachbarland den Krieg. Schnelle Siegesnachrichten begeisterten zunächst die Bevölkerung. Bald aber lösten die Todesnachrichten von der Front große Trauer aus. „Gefallen für Führer und Vaterland", hieß es schon 1939, das ließ mich erschüttern, und über meine ostdeutsche Heimat brauste der Krieg. Die ersten Namen der Gefallenen waren uns noch fremd, doch bald tauchten in der Zeitung auch Namen von Bekannten, Freunden auf.

Wie konnten wir Mädchen den Soldaten an der Front helfen? Wir wollten in meinem Freundeskreis nicht den Krieg des Führers unterstützen. Wir schrieben aber ermutigende Feldpostbriefe, wir strickten Handschuhe und Socken. Denn die da kämpften, die da starben, kannten wir aus unserer Heimatstadt Stettin. So wie ich meinen Wolfgang.

Sein Lebensende muß er vorausgeahnt haben. Bevor er an die Front ging, besuchte er mich noch einmal in meinem Elternhaus. Er, der ein kleiner Draufgänger sein konnte, flüsterte mir beim Abschied ins Ohr: „Schnuck, vergiß mich nicht, wenn ich gefallen bin." Er küßte mich leicht auf die Stirn und wandte sich zum Gehen um.

Solange ich in Stettin weilte, stand neben einem Blumenstrauß sein Bild in meinem Zimmer. Noch einige Gedenksträuße der Erinnerung hätte ich mit der Zeit für die jung gefallenen Soldaten aufstellen können. Es waren jene Freunde aus der vergnügten Tanzstunde und dem unvergeßlichen Bummel auf dem Paradeplatz, die es nach und nach nicht mehr gab.

Nicht für kurze Dauer, wie wir es zunächst hofften, sondern fast sechs Jahre lang wütete der Krieg. Unser Land versank in Düsternis. Alle Häuser mit ihren Fenstern mußten verdunkelt werden, es brannten nur blau abgedeckte Straßenlaternen im größten Ostseehafen, um den feindlichen Fliegern mit ihrer Bombenlast keine Anhaltspunkte zu bieten. Am Radio hörten wir abends: „Feindliche Flieger im Anflug auf Stettin." Fliegeralarm folgte. Alle Menschen rannten in die Luftschutzkeller und hockten dort in muffiger Luft bis zur Entwarnung, oft stundenlang, während über uns die Flugzeuge kreisten und ihre Bomben auf den Hafen und die Wohngebiete warfen.

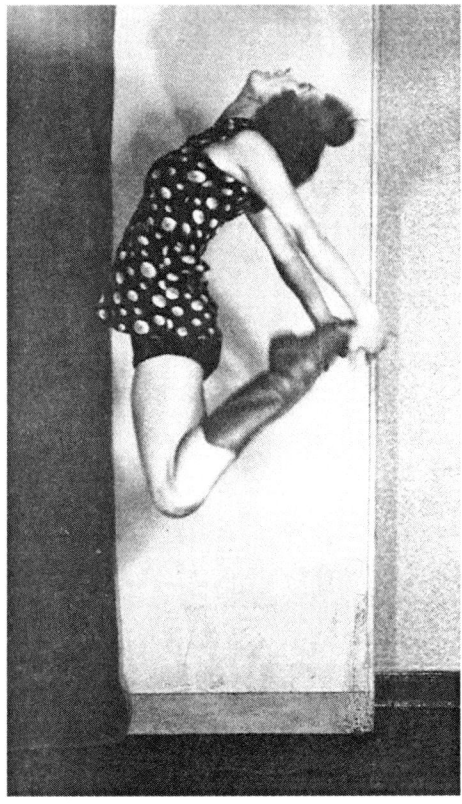

Training im Ballettsaal, der Sprung

Mit Kriegsbeginn setzte sofort ein Lebensmitttelmarkensystem ein, was uns im Kauf aller Waren einschränkte. Zunächst war die Zuteilung noch ausreichend, später aber wurde das Kontingent immer schmaler, so dass man in Deutschland dicke Menschen kaum finden konnte. Schließlich sangen wir im fünften Kriegsjahr resigniert: „Es geht alles

vorüber, es geht alles vorbei, im Monat Dezember gibt's wieder ein Ei."
Zu dem Zeitpunkt weilte ich aber nicht mehr in Stettin, sondern in einer Stadt nahe dem Kriegsschauplatz. Und meine künstlerische Karriere hatte erste Höhepunkte zu verzeichnen.

In den Anfangsjahren des Krieges konnte man den Tagesablauf in Stettin fast als normal bezeichnen. Noch gab es tagsüber keine Fliegeralarme, sie fanden meistens erst gegen 23 Uhr statt. Theater und Kino begannen frühzeitig. Überall gab es Luftschutzkeller, in die sich die Menschen retten konnten. Eine hundertprozentige Sicherheit boten sie jedoch nicht. In den späteren Schreckensjahren hing alles von der Stärke der Bombe ab. Wo sie traf, wurde Leben ausgelöscht. Nun hatte durch diesen Krieg auch in unserem Land die Zivilbevölkerung tödlich zu leiden.

Um die männliche Jugend – so nahm ich an - schneller zur Wehrmacht einziehen zu können, hatte man die Schulzeit in den Gymnasien bis zum Abitur verkürzt, die Untersekunda fiel weg, der Lehrstoff wurde gestrafft. Meine Schulzeit war mit achtzehn Jahren und Abitur beendet. Im Anschluß daran erhielt ich nach meiner mehrjährigen tänzerischen Ausbildungszeit einen festen Vertrag im Theater und legte vor der Reichstheaterkammer die staatliche Prüfung für Ballett, Charaktertanz und Schautanz (Stepp) ab. Die meiste Zeit verbrachte ich im Theater, ließ mir keine Generalprobe von Opern oder Schauspielen entgehen, um meine künstlerischen Kenntnisse zu erweitern. Bei einer Opernsängerin nahm ich Gesangsunterricht.

Am Anfang jedes Jahres besuchten Künstleragenten die Vorstellungen, um nach Talenten Ausschau zu halten, durch deren Neuvermittlungen sie Provisionen erzielten. Eines Tages im Jahre 1940 lag beim Pförtner des Künstlereingangs die Karte eines Agenten für mich vor, mit der Bitte um ein Gespräch. Man riet mir zu einem Engagement an der Weimarer Staatsoper und einer Kontaktaufnahme mit der Theaterdirektion.

Revue: „Schwipstanz" als Stepp

Für einen vertraglichen Abschluß brauchte ich die Genehmigung meiner Eltern, da ich erst neunzehn war, die Volljährigkeit aber erst mit vollendetem 21. Lebensjahr einsetzte. Mein Vater willigte nur unter der Bedingung ein, daß ich mich gleichzeitig zum Gesangsstudium an der Weimarer staatlichen Musikhochschule eintragen würde, dessen Finanzierung er bereit war zu übernehmen.

Nach meiner Kontaktaufnahme mit Weimar erhielt ich prompt eine Einladung zu einer Vorstellung, bei der ich mein tänzerisches Können unter Beweis stellen mußte. Im Ballettsaal warteten der Ballettmeister, der Generalmusikdirektor und der Opernregisseur. Mit dem Korrepetitor hatte ich zuvor die einzelnen Tempi meiner Tanzdarbietungen abgesprochen und eine gut ausgearbeitete Trainingsstudie im Spitzentanz durchprobiert. Ich hatte mächtiges Lampenfieber.

Nach einer verhältnismäßig zügigen Überprüfung meiner Kenntnisse bedankte man sich für meine tänzerischen Vorträge und bat mich, nach dem Umkleiden in der Garderobe des Ballettmeisters zu erscheinen.

Kaum hatte ich dessen Tür hinter mir geschlossen, fielen seine Worte: „Sie sind engagiert und können sofort ihren Vertrag im Verwaltungsbüro abholen. Herzlichen Glückwunsch und auf gute Zusammenarbeit." Welch ein Erfolg für mich, ich durfte an Goethes und Schillers Wirkungsstätte künstlerisch tätig werden.

2.

Bevor ich als Neunzehnjährige meinen Wohnsitz nach Weimar verlegte, sorgten meine Eltern für eine geeignete Unterkunft, währenddessen ich mich in der Musikhochschule als Gastschülerin eintrug. Alle Fächer konnte ich wegen des Theaterengagements nicht belegen. Professor Hauschild wurde mein Gesangspädagoge, bei dem ich bald auch die lieblichen Mozart-Arien sang.

Die ersten Tage, weit entfernt vom Elternhaus, ließen manches Heimweh in mir aufkommen, das aber jeder junge Mensch in dieser Lebensphase überwinden muß.

Die Kulturstadt Weimar machte auf mich einen heimeligen Eindruck, mir gefielen die alten, historischen Bauten. Die Häuser waren größtenteils zweistöckig, viele noch mit den für Weimar typischen Gauben im Dachbereich. Die Häuserzeilen wirkten gemütlich, im Erdgeschoß fanden sich urige Geschäfte, die hübsche Auslagen vorzeigten. Buchläden,

Juweliergeschäfte, Porzellan- und Krämerläden aller Art schmückten die unteren Fassaden der Häuser. In manchen Auslagen fand ich jedoch nur unverkäufliche Ausstellungsstücke, für die es in der Kriegszeit keinen Nachschub mehr gab.

Im Herzen der Stadt lag der stille Marktplatz, auf der einen Seite das hübsche Rathaus, gegenüber liegend das Lucas Cranach Haus. Nur an Markttagen herrschte hier etwas Leben, wenn die Bauern ihre wenigen Gemüsesorten anboten. Am Abend wirkte der Platz verlassen. Von ihm aus bog man in stille, winklige Gassen ein und gelangte zu historischen Gebäuden wie dem Schiller- und dem Goethe-Haus und zu anderen sehenswerten Bauten. Besucher konnten die Gebäude von innen nicht mehr betrachten, das Mobiliar, die Bücher und andere Wertgegenstände hatte man vorsorglich irgendwo in Sicherheit gebracht.

Die kleinstädtische Atmosphäre übte auf mich einen besonderen Reiz aus. Und ich genoß den Vorzug, daß Weimar als Kunststätte zu der Zeit noch nicht bombardiert wurde. Die Luftschutzkellersitzungen, die in Stettin schon zur beklemmenden Gewohnheit geworden waren, hatten für mich vorerst ein Ende gefunden.

Das Weimarer Nationaltheater hatte einen konstant klassischen Spielplan mit einem umfangreichen Opernrepertoire, das an tänzerischer Technik und Ausdruck ein Höchstmaß erforderte. Die Tanzeinlagen in den Opern liebte ich sehr, obwohl ich vor den Auftritten immer Lampenfieber hatte. Ebenso mochte ich aber die einmal im Jahr übliche klassische Operette, zum Beispiel die „Lustige Witwe", wenn wir im Cancan unter anhaltendem Applaus über die Bühne wirbelten und ich keuchend im Spagat den Tanz beendete. An einigen Abenden in der Saison gehörte die Bühne allein dem Tanzensemble, das waren die großen Ballettabende. Die klassischen Schauspiele inszenierte der Schauspieldirektor selbst, und an diesen Abenden war die Tanzgruppe spielfrei.

Das Theater war ständig ausverkauft, die stille Beamtenstadt Weimar liebte ihr berühmtes Haus. Und an sonstiger Unterhaltung war wegen der Kriegszeit auch wenig geboten. In den musikalisch so hochrangigen Opern wie „Carmen" und „Aida" versetzten mich die Tänze in leidenschaftliche Begeisterung. Wenn die Ouvertüre zu „Tannhäuser" in der Pariser Fassung ertönte, in der wir ein Bacchanale im Venusberg tanzten, fühlte ich mich elfenhaft über die Bühne schweben, fast dem Boden enthoben und der Wirklichkeit entronnen. Die Bühne war in ein rotes Licht getaucht, welches ein inneres Erleben des Tanzes verstärkte. So konnte ich meine tänzerische Begabung ausdrucksvoll entfalten und unter Beweis stellen. Das fünfundsiebzig Mann starke Staatsorchester beflügelte mich zu bis dahin nicht gekannten Leistungen.

Pose in Klassik

Das Nationaltheater Weimar gehörte neben dem Nürnberger Opernhaus sowie der Bayreuther Oper zu Hitlers Lieblingsbühnen. Einen Besuch absolvierte er während meiner Spielzeit im Theater nicht. Seine Kriegführung beschäftigte ihn intensiver. Unserem künstlerischen Einsatz galt aber auch die Parole: „Für Führer und Vaterland". Solche Sprüche riefen in mir eine gewisse Unbill hervor. Natürlich wollte ich Menschen durch meine Kunst erfreuen. Aber nicht einen Feldherrn und Diktator. Sah ich doch bei manchen Spaziergängen am frühen Nachmittag an der Ilm, vorbei an Goethes Gartenhäuschen, schwarz gekleidete Frauen mittleren Alters, die von ihren Söhnen endgültig hatten Abschied nehmen müssen. Diese Eindrücke schmälerten die Freude an der künstlerischen Tätigkeit, oft dachte ich an die jungen Männer, die auf Schlachtfeldern in Rußland kämpften und starben.

Täglich lief ich über den Frauenplan, einem Platz, und an Goethes einstigem Wohnhaus vorbei gelangte ich ins Theater zu Training und Proben. Schnell hatte ich einen kameradschaftlichen Kontakt zu den Kolleginnen wie auch zum gesamten Ensemble des Theaters. Eines Abends nahm man mich in den Künstlerverein mit, kurz KV genannt, der dem Theater gegenüber lag. Das war eine alte Schmiede, fast unterirdisch gelegen, die man über unebene Steintreppen erreichen konnte. Der KV durfte nur von Theatermitgliedern, Musikhochschulstudenten und Angehörigen der Kunstakademie besucht werden. An den steinernen Mauern hatte man den Ruß belassen, alte Funzellaternen als Beleuchtung angebracht. Die Mitte und ein paar kleine Nischen zierten holzgescheuerte Tische, in die Messingplatten waren Namen jener Künstler eingelassen, die sich um das Nationaltheater verdient gemacht hatten.

Es war eine urige, gemütliche Künstlerklause, in der wir uns nach erfolgreichen Premieren bei einem Glas Wein zusammen fanden, denn in Restaurants war der Wein kontigentiert, und Lebensmittelmarken für ein Abendessen besaßen wir nicht. Trotz wenig Alkohol herrschte in der Gesellschaft eine ausgelassene Stimmung, zeitweise schloß sich uns unser Intendant Staatsrat Dr. Ziegler an.

Am Klavier, das nur befähigte Spieler anklingen ließen, saß oft unser junger Opernregieassistent und begleitete mich zu einem Chopin'schen Lied. Schon wenn ich den KV betrat, setzte sich Füchslein, wie wir den Regieassistenten Fuchs nannten, ans Klavier, schaute mich fragend an, um mich zu einer Gesangsdarbietung zu animieren.

Hier im Künstlerverein lernte ich auch den begabten Schüler der Kunstakademie kennen, der mit mir den gleichen Nachnamen trug. Statt Michaelis wurde er nur kurz „Mimi" genannt, seinen Vornamen kannte ich damals nicht. Selbst dann nicht, als er mich bat, ihm für ein Ölgemälde „Das Mädchen mit der Gitarre" Modell zu sitzen. Es war eine Arbeit, die er für die Münchner Kunstausstellung vorbereitete und die Weimarer Honoratioren mit Interesse verfolgten.

Die Welt ist nicht nur klein, sondern auch Zufälle spielen in ihr oft eine seltsame Rolle. Über den Verbleib des Gemäldes und den Werdegang des späteren Professors Michaelis sollte ich erst nach fünfzehn Jahren in Ungarn durch eine unvorhergesehene Begegnung mit Künstlern etwas erfahren.

„Pas de deux" aus einem Märchenepos

Obwohl in dieser beliebten Weimarer Künstlerklause namhafte Kunstinterpreten ihre Erfolge gefeiert hatten, fand ich sie nach dem „Fall der Mauer", dem Untergang der DDR, nicht mehr wieder. An ihrer Stelle hatte man öffentliche Aborte eingerichtet.

Bei allem Einsatz im Theater galt es, auch umliegende Städte wie Jena, Apolda und andere Kleinstädte kulturell mit bunten Abenden zu versorgen. Der Fliegerhorst Nora und das Lager Buchenwald gehörten auch zu unseren „Spielstätten". Wenn die Tanzgruppe spielfrei hatte, d.h. Schauspiele liefen, fuhr uns ein Bus zu den entsprechenden Zielen, damit wir dort mit Gesang und Tanz fröhliche Unterhaltung bereiteten.

An einem unserer großen Ballettabende im Weimarer Theater überreichte mir der Logendiener ein traumhaft schönes Blumenarrangement in zart gelben Farben, im Farbton meines Spitzenkostümes. Anbei fand ich eine Karte: In Verehrung Dr. W. Hoven.

Ich hatte keine Ahnung, wer dieser Verehrer sein mochte und wartete auf ein weiteres Zeichen. Kurz darauf fuhren wir für die Gestaltung eines bunten Abends hinauf zum Lager Buchenwald, das ich noch nicht kannte. Es war mein erster Auftritt dort.

Langsam durchquerte der Bus ein Tor mit der Überschrift „Ob Recht oder Unrecht – mein Vaterland". Die Bedeutung dieser Aussage verstand ich nicht. Der Bus hielt vor einem Gebäude, in dem sich eine Art Festhalle befand, gefüllt mit jungen, uniformierten SS-Soldaten.

An solchen Abenden wurde Gesang und Tanz geboten, Duette aus Operetten gesungen im Wechsel mit Tanzeinlagen. In den einfachen Räumen, die als Garderobe herhalten mußten, halfen wir uns Künstlerinnen gegenseitig in die Kostüme. Meist trug ich heitere Tänze vor, wie eine mimisch lustige Polka oder einen temperamentvollen ungarischen Csárdás. Andere Möglichkeiten ließen diese kleinen Bühnen nicht zu. Die Applaus spendenden Landser bekundeten ihren Beifall zusätzlich mit Fußgetrampel.

Nach dem bunten Abend bat man uns zu einem Empfang in das Offizierskasino, wo wir mit Champagner und Imbissen bewirtet wurden. Plötzlich stand ein leicht untersetzter, gut aussehender Offizier mit tadellosem Haarschnitt vor mir, bedankte sich für meinen Auftritt und stellte sich mir als Lagerarzt Waldemar Hoven vor. Ich war leicht befangen, so unerwartet einem Verehrer und großzügigen Blumenspender gegenüber zu stehen. Dann bedankte ich mich für das Arrangement und ging zu einer zwanglosen Plauderei über. Dabei machte Hoven eher einen zurückhaltenden Eindruck auf mich. Vielleicht sogar unsicher. Er bat aber um ein Wiedersehen. Doch der Kapellmeister trieb schon zum Aufbruch, und es kam zu keiner Verabredung.

Auf der halbstündigen Heimfahrt bewegte mich der Gedanke, welche Vorzüge an Genüssen den Privilegierten Hitlers zustanden. Während ich bei Abgabe entsprechender Fett- und Fleischmarken im Gasthof Adler mein tägliches, bescheidenes Mittagessen einnahm. Die Bouletten schmeckten oft mehr nach Semmelbrösel als nach Hackfleisch.

Eine Kontaktaufnahme mit dem Künstlerpersonal war postalisch über das Theater einfach herzustellen. Häufig wartete Verehrerpost beim Pförtner des Künstlereingangs. Einige Tage nach unserem Auftritt im Lager Buchenwald fand ich bei der Pförtnerloge eine Einladung von W. Hoven zu einem Essen im bekannten „Hotel Elephant" vor.

Neugierig war ich schon geworden. In der Hotelhalle erwartete er mich und dankte für mein Kommen.

Die übliche Unterhaltung begann mit dem Austausch, wer in welchem Landstrich zu Hause sei. Hoven erzählte, daß er in der Freiburger Gegend beheimatet und nun als Arzt im Gefangenenlager Buchenwald zur medizinischen Betreuung der Inhaftierten eingesetzt worden war. Gesehen habe ich ihn stets nur in SS-Uniform. Über die Lagerinsassen verlor er kein Wort. Ich glaubte, es handele sich um normale Strafgefangene. Denn wer wußte zu der Zeit überhaupt, wen das Lager Buchenwald tatsächlich beherbergte? Unter uns Künstlern ahnte das niemand.

Das Alter des Lagerarztes konnte ich schwer einschätzen. Aber er mußte um etliche Jahre älter als ich sein. Das erweckte in mir den Verdacht, daß er ein verheirateter Mann sei, was er aber verneinte und mich auch zunächst unberührt ließ.

Unsere Unterhaltung verlief locker und beschwingt. Es lag in meiner Art, fröhlich und unkompliziert zu plaudern, während Hoven mit der Zeit meine Hand ergriff und sie herzhaft drückte. Bei einem Glas Wein und einem Handkuß bat er, das förmliche „Sie" fallen lassen zu dürfen. Denn er fühle sich in meiner Gesellschaft sehr unbeschwert. Und er wünsche sich weitere Begegnungen.

„Deine unbefangene Natürlichkeit ist geradezu mitreißend," sagte er bei der Verabschiedung. Und augenscheinlich war mir klar, dieser Mann hatte sich in mich verliebt. Nach solcher Erkenntnis reagierte ich mit Zurückhaltung bei der Überlegung, was man von mir erwarten würde. Meine Erziehung ließ mich wachsam bleiben gegenüber einem Mann, der fast mein Vater hätte sein können. So gestalteten sich nur sporadisch Treffen mit Hoven, bedingt auch durch meinen beruflichen Zeitplan. Er jedoch forcierte sie und warb mit Aufmerksamkeiten um meine Gunst.

Seine Unbeschwertheit in meiner Gegenwart, wie damals im „Hotel Elephant", konnte ich überhaupt nicht mehr erkennen. Im Gegenteil. Es fiel mir seine stark nervöse Unruhe auf, die er aber jeweils schnell wieder unter Kontrolle brachte. Ich fragte nach dem Grund seiner Nervosität. Er begründete sie mit Überarbeitung. Manchmal empfand ich ihn fast unheimlich. Wenn er etwa bei einem unerwarteten Laut zusammenzuckte. Wie ein außergewöhnlich erschreckter Mensch.

Was bewegte diesen Mann? So fragte ich mich im Stillen, machte mir aber weiterhin keine Gedanken darüber. Für mich bedeutete die Verbindung zu ihm eine lose, kaum nennenswerte Bekanntschaft. Ein seltsam verunsicherter Mann, dem ich manchmal etwas Mitleid aus rein menschlicher Sicht entgegen brachte.

Wie entsetzt hatte es mich, Jahre später die Wahrheit zu erfahren. Für seine unmenschliche Tätigkeit im Konzentrationslager Buchenwald wurde er nach dem Krieg zum Tode verurteilt. Weil er ein Mörder war, der unschuldigen Menschen die Todesspritze gab. Ein Trauma, das auch gute und frohe Tage während meines jungen und späteren Lebens nicht ganz auslöschen konnten. Was trieb einen Menschen zu solchen erbarmungslosen Taten?

Seine Hände, mit denen er die Todesspritze verabreicht hatte, haben meine Hand gedrückt. Zurückblickend frage ich mich, welches Schicksal mich als Künstlerin, als Mensch geleitet hat. Intuitiv lehnte ich das Werben des Verehrers aus Buchenwald ab. Hätte ich mich anders verhalten, was hätte ich aus dem Innenleben seines mörderischen Lagers erfahren können? Später, an einem anderen Theater, schlug ich mit einem anderen Verehrer einen Weg ein, welcher in ein Internierungslager und schließlich in eine grauenhafte Diktatur geführt hat.

An einem frühen Sonntagnachmittag lud mich Hoven zu einem Spaziergang im Buchenwalder Forst ein. Und im Anschluß daran zu einem Besuch bei Ilse Koch, der Frau des Lagerkommandanten. Offensichtlich hatte er ihr von mir erzählt. Sie war auch eine rege Theaterbesucherin, denn eine Einladung zu einer mir unbekannten Frau hätte mich überrascht. Ich suchte trotzdem nach einem Grund, warum Hoven mich mit ihr bekannt machen wollte. Es kam zwar vor, daß man als Künstlerin in fremde Gesellschaften eingeladen wurde. Bekannte Künstler standen häufig im Mittelpunkt des gesellschaftlichen Lebens einer Stadt. Doch die Begegnung mit der Frau des Lagerkommandanten erschien mir suspekt.

Bevor wir Buchenwald erreichten, ließ mich Waldemar Hoven wissen, eine tiefe Zuneigung für mich zu empfinden. Sein Anliegen wies ich mit der Begründung zurück, einen engeren Kontakt nicht anzustreben.

Zum ersten Mal betrat ich das Lager als Privatperson und sah unweit von uns einen Häftling im gestreiften Anzug. Welcher Tat mochte er sich schuldig gemacht haben, um hier als Gefangener dafür büßen zu müssen? Glaubte ich doch damals noch, in diesem Lager Buchenwald seien Verbrecher inhaftiert.

Eine abgemagerte Gestalt, die Augen blickten traurig, fegte kraftlos mit einem Reisigbesen den Weg. Die knochigen Hände konnten kaum den Besenstiel umfassen. Unwillkürlich überkam mich ein Gefühl tiefen Mitgefühls, Mitleidens.

Hoven würdigte ihn keines Blickes, während der Häftling selbst mir und meiner Begleitung verstohlen nachschaute. Ohne eine offizielle Begleitperson durfte man sich im Lager nicht bewegen. Und der Trakt, in dem die Häftlinge sich aufhielten, war für Zivilpersonen nicht einsichtlich und durfte nicht betreten werden. Gerne hätte ich dennoch in den abgesperrten Trakt geschaut. Aber ich traute mich letztlich nicht, Hoven darum zu bitten.

Was sich wirklich hinter dem uneinsichtlichen Trakt des Konzentrationslagers Buchenwald und in anderen Lagern abgespielt hatte, erfuhr ich zutiefst berührt, als ich nach vielen Jahren das Buch eines damaligen Häftlings las. In seinem „Roman eines Schicksallosen" („Sortalanság") beschreibt der ungarische Schriftsteller und heutige Literaturnobelpreisträger Imre Kertész, wie er Auschwitz, Zeitz und Buchenwald erlebt und überlebt hatte.

Frau Koch empfing mich mit einem leichten Lächeln um die Mundwinkel. Etwas Herablassendes lag in der Art ihrer Begrüßung. Sie bat uns in einen gemütlichen Wohnraum, wo sie zum Kaffee einlud.

Bohnenkaffee erhielt die Zivilbevölkerung nur zeitweise als Sonderzuteilung, von dem wir den Satz noch zweimal auskochten!

Der Raum war mit einladend schöner Steh- und Tischlampe ausgestattet, dekorativ arrangiert. Daß die Gestelle auch dieser Lampenschirme Menschenhaut „zierte", habe ich nach Kriegsende erfahren.

Goethe und Schiller vor dem Staatstheater Weimar (Foto von ca. 1940)

Die Unterhaltung verlief etwas schleppend, über Theatervorstellungen oder alltägliche Begebenheiten. Der Ehemann von Frau Koch war versetzt worden, ein neuer Kommandant leitete das Lager, und sie lebte dort ohne Ehepartner. Plötzlich begann ihr Augenmerk nur noch Hoven zu gelten. Und es entging mir nicht, wie ihre verliebten Blicke unter der rothaarigen Frisur nur ihn anhimmelten. Was sollte dieses Benehmen in meiner Gegenwart? Sah sie in mir eine Konkurrentin? Die ihr Hovens Sympathie nahm? Worin lag eigentlich der Sinn meines Besuches? Wollte Hoven der Ilse Koch andeuten, seine Gunst gehöre eigentlich einer ungebundenen jungen Frau?

Ilse Kochs Gebaren fand ich obszön. Und Hoven zeigte eine gewisse Verlegenheit, die mich zu einer spontanen Verabschiedung veranlaßte. Irgend etwas stimmte zwischen den beiden nicht, doch eine Erklärung dafür fiel mir nicht ein. So blieb die Begegnung mit Ilse Koch einmalig, und von Waldemar Hoven zog ich mich nun endgültig zurück.

Wie der Lagerarzt entging auch die von den Häftlingen so genannte „Hexe von Buchenwald" nach dem Krieg ihrer Verurteilung nicht. Das rabiate Verhalten Ilse Kochs den Häftlingen gegenüber äußerte sich, wie ich es auch erst lange nach meinem Besuch in Buchenwald erfahren hatte, unter anderem darin, daß sie beim Reiten durchs Lager die Insassen mit der Reitpeitsche schlug, wenn sie von ihnen gegrüßt wurde.

Der Publikumsschwarm des Theaters war unser junger Bariton, der in Oper und Operette glanzvolle Erfolge erzielte. Mit ihm verband mich eine kameradschaftliche Freundschaft. In manchen Abendstunden traf man sich in der am Marktplatz gelegenen, bekannten Weinhandlung, der eine Weinstube angehörte. Der liebenswerte ältere Besitzer hatte eine Vorliebe für Künstler. Er lud gern zu einer Runde beim Wein ein und ließ sich von uns Theateranekdoten erzählen. Meistens verweilte eine kleine gesellige Gruppe bis zu vorgerückter Stunde beisammen. Bevor wir dann den stillen, verträumten Marktplatz verließen, sang unser Troubadour mit seiner klangvollen Stimme: „Die kleine Stadt will schlafen geh'n, die Lichter gingen aus..."

Mit seiner Serenade erfreute er die Weimarer, deren Fenster sich nach und nach öffneten, und verzückt lauschten die aus dem Schlaf geholten Menschen dem Ständchen unter nächtlichem Sternenhimmel.

Solche friedlichen Episoden standen völlig im Gegensatz zu den unheilvollen Tagesnachrichten vom Kriegsschauplatz, die uns bedrückten. Der Kessel von Stalingrad hatte Anfang 1943 zahllose Menschenopfer gefordert und die Front in Rußland zum Rückzug gedrängt. Die Behauptung, man hätte sich „erfolgreich" abgesetzt, d.h. zurückgezogen, wie der Wehrmachtsbericht verlautete, erschien nicht glaubhaft und war auch nicht wahrheitsgemäß. Unsere Soldaten erlitten Erfrierungen in dem eisigen russischen Winter, litten und hungerten mangels Nachschub, so lauteten die Aussagen der Fronturlauber. Doch diese Nachrichten und Informationen kursierten nur unter vier Augen, wurden ausschließlich Vertrauenspersonen erzählt.

Manchmal befand ich mich in einer recht prekären Situation und mußte mit meinen Fragen und Ansichten auch im Bekanntenkreis zurückhaltend sein. Einer meiner Verehrer, noch aus der Anfangszeit in Weimar, mit dem ich längere Zeit Kontakt pflegte, machte Karriere in der Partei. Auf eine kritische Äußerung von mir reagierte er mit dem Satz, wenn ich weiter so reden würde, müsse er mich anzeigen. So gingen dieser „Freund" und ich bald getrennte Wege.

Nach jedem Ende der Theatersaison fuhr ich in meine Heimatstadt, um wieder die unvergeßlichen Tage am Meer aufleben zu lassen, sie erneut zu genießen. Der Anblick des Meeres mit seinen kleinen weißen Schaumkämmen, der leuchtende Sandstrand und die grünen Dünenmulden vertrieben kurz die Gedanken an die schlimmen Gewißheiten der Kriegszeit. Stettin selbst erlebte unruhigere Tage und Nächte als je zuvor. Die Angriffe der englischen Flugzeuge wurden häufiger, fanden sogar tagsüber statt. Manchmal vermied ich nachts das Aufsuchen des Luftschutzkellers, um die Flak, also die Flugzeugabwehrkanonen, zu beobachten. Am Nachthimmel suchten die starken Scheinwerfer nach feindlichen Fliegern. Hatten sie einen im Scheinwerferkreuz, ging mit dröhnendem Knall das Geschoß in die Luft. Wenn der schaurige Absturz einer getroffenen Maschine erfolgte, konnte ich nicht an einen Feind denken, der auch uns Verderben brachte, sondern an den Todeskandidaten, dessen Leben nun ausgelöscht war. Die Sinnlosigkeit des gegenseitigen Vernichtens blieb mir unverständlich. Doch der Krieg forderte andere Gesetze, seine Lenker folgten einem anderen Denken.

Die Inszenierung von Goethes „Faust" im Nationaltheater gehörte stets zu den großen künstlerischen Ereignissen in Stadt und Umland. Die damalige Neuinszenierung rief bei den Zuschauern wegen einer aufreizenden Szene besonderes Interesse hervor. Bevor Faust in der Hexenküche seine Verzückung in Worte faßte, flammten Scheinwerfer auf, die eine in rotes Licht getauchte, hingebungsvoll liegende, teils schleierhaft bedeckte, makellose Mädchengestalt hervortreten ließen.

Fausts Entzücken: „Was seh' ich? Welch ein himmlisch Bild zeigt sich in diesem Zauberspiegel! Oh Liebe, leihe mir den schnellsten deiner Flügel und führe mich in ihr Gefild!"

Eine Szene, die in den vierziger Jahren des letzten Jahrhunderts vielfältige Beachtung erweckte, doch vom Publikum überwiegend mit Wohlwollen aufgenommen wurde. Das bewegende Gespräch in der Pause kreiste jedoch nur um eine Frage. Wer ist dieses Mädchen, dessen Gesicht man nicht erkennen kann?
Der Schauspieldirektor und Regisseur konnte mich in einem Gespräch, nach längerem Zögern, unter Hinweis auf meine formvollendete Figur, zu dieser Szene überreden. Ich stellte jedoch die Bedingung, man müsse mein Gesicht schemenhaft ausblenden. Leider habe ich dieses als zauberhaft geschilderte Bild nie sehen können. Ich vernahm nur, was das Publikum wiederum nicht hören konnte, mal von Mephisto mal von Faust während der Szene ein verlangend dahin geflüstertes „Traumhaft schön". Wenngleich die Innovation der Inszenierung in der erwähnten Zeit einen neuen Impuls bedeutete, so blieb die Vorstellung von Ethik und Moral in seinem damaligen Stellenwert erhalten, sowohl in der Gesellschaft, als auch in der Jugend.

Junge Mädchen konnte man in der nationalsozialistischen Zeit nicht als prüde bezeichnen, aber wir waren doch wesentlich zurückhaltender dem männlichen Geschlecht gegenüber. Eine voreheliche sexuelle Beziehung vermied man aus Angst vor entsprechenden Folgen. Verhütungsmittel gab es kaum, und man hatte mit dem gesellschaftlichen Vorurteil zu kämpfen, ein gefallenes Mädchen zu sein, wenn man unehelich schwanger wurde. Andererseits riskierten eine Abtreibung weder ein Arzt noch die Betroffene, die Strafen waren sehr hoch. Hitler brauchte arischen Nachwuchs.
Außerdem waren die Möglichkeiten einer engeren Beziehung gering. Denn die meisten altersmäßig passenden Partner befanden sich an der Front. Kam es trotzdem zwischen dem geliebten Fronturlauber und seiner Auserwählten zu einer intimen Liebesbeziehung mit Folgen, gab es nach Erkenntnis der Schwangerschaft eine Ferntrauung. Zum gleichen Zeitpunkt schloß „Er" an der Front vor seinem Offizier und „Sie" auf dem heimatlichen Standesamt die gemeinsame Ehe. Diese eheli-

chen Bindungen endeten oft mit dem traurigen Ergebnis, daß der Vater im Krieg fiel, ohne sein Kind jemals gesehen zu haben, und die Mutter als Kriegerwitwe zurückblieb. Ihr Schicksal war häufig nach Kriegsende, als die Städte in Schutt und Asche darniederlagen, zu den heldenhaften Trümmerfrauen zu gehören, die Deutschland aus Ruinen wieder aufzubauen halfen.

Eine andere Art der Zuneigung mit Folgen rief in mir Entsetzen hervor. Nach der Eroberung Polens hatte man Gefangene in der Heimat als landwirtschaftliche Arbeiter eingesetzt. Bei Strafe war es verboten, eine persönliche Beziehung zu diesen „Feinden" aufzunehmen. Und doch passierte es, daß sich ein Mädchen in einen jungen Polen verliebte. Und wurde dann denunziert. Mit kahl geschorenem Haupt, ein Schild vor dem Körper mit der Aufschrift „Ich bin ein Polenliebchen", wurde sie auf einem Leiterwagen durch die Straßen gekarrt. Mich erfaßten Abscheu und Mitleid, auch bei dem Gedanken über ihr weiteres Schicksal, das niemand erfuhr.

Jugendliche Wünsche und Ideale schränkte der Krieg bei meinen Altersgenossen wie bei mir massiv ein. Das Ende dieser grausamen Zeit haben wir täglich herbeigesehnt. Entspannte Reisen und so gut wie alle Art von Vergnügungen kamen in unserem Leben nicht mehr vor. Ich fand noch Ersatz in meinem Beruf und der Gesangsausbildung, die ich nach drei Jahren erfolgreich abgeschlossen hatte. Meinem Ziel, in beiden Fächern, Tanz und Gesang, künstlerisch tätig zu werden sah ich mich näher.
Deshalb lehnte ich Anfang des Jahres das großartige tänzerische Angebot für ein Engagement an die Berliner Staatsoper ab. Es reizte mich mehr, den Einstieg ins gesangliche Opernfach anzustreben. Das Studium der Opernpartituren hatte ich begonnen. Und einem Agenten hatte ich auch schon vorgesungen.
Wie vor jedem Saisonbeginn, hielt unser Intendant Staatsrat Dr. Ziegler auch 1943 eine Ansprache an das Personal des Theaters. Seine Rede rief in mir innerlich helle Empörung hervor. Seine Worte waren eine einzige Lobeshymne auf Adolf Hitler und seinen großartigen Feldzug. Für den Führer und seinen Krieg sollten wir auch alle Einschränkungen auf uns nehmen.

Josef Schömmer
Bühnenvermittlung
Oper, Operette, Chor, Tanz, künstl. Vorstände

Frankfurt am Main, den 20.2.43.
Marienstr. 17, Tel. 32144/45
Tel.-Adr.: „Bühnenvermittlung"
H./He.

Sehr geehrtes Fräulein Michaelis!

Heute frage ich bei Ihnen an, ob Sie noch verhandlungsfrei sind und ev. Interesse haben, für kommende Spielzeit an die Staatsoper Berlin abzuschliessen?

Ich erwarte Ihren Bescheid und bitte, beiliegende Verhandlungsvollmacht unterschrieben zurückzusenden.

Für heute bin ich mit

Heil Hitler!
i.A.

Anlage: Revers.

Anfrage eines Theateragenten wegen Berlin (mit üblichem Hitlergruß)

Der Wehrmachtsbericht sprach an diesem Sommerende täglich vom „erfolgreichen" Rückzug der Front, manchmal von minimalen Vorstößen. Seelisch konnte ich den Widerspruch zwischen den Aussagen des Intendanten und meiner Überzeugung über unseren obersten Führer nicht mehr in Einklang bringen. Mit Anfang zwanzig war ich eine sehr impulsive junge Frau, Wut und Empörung schüttelten mich. Aber es gab Gründe, die mich zur Vorsicht und zum Schweigen mahnten. Doch von einer solchen Theaterleitung wollte ich mich schnellst möglich trennen. Da erreichte mich ein Brief des Agenten, der mir eine Vakanz als Soubrette in Meißen, Tilsit oder Guben anbot. Was also tun? Der Vertrag für die anbrechende Saison in Weimar war natürlich schon unterschrieben. Auflösbar nur gegen eine Geldstrafe wegen Vertragsbruchs. Trotzdem entschied ich mich gegen Weimar.

Ich wählte Guben aus, wegen der Nähe zu Stettin. Es war vorerst allerdings noch fraglich, ob man mich nach einem Vorsingen und Tanzvorführung überhaupt engagierte. Meine Darbietung wurde ein Erfolg, und ich beichtete sogleich dem Intendanten an der neuen Spielstätte, vertraglich noch an Weimar gebunden zu sein.

„Das werde ich mit dem dortigen Intendanten regeln, wir möchten Sie auf alle Fälle hier haben", meinte er freundlich. Zurück in Weimar wurde ich zwei Tage später zum Intendanten gebeten. Mir klopfte das Herz. Mit ernster Miene sprach er zu mir.

„Wir bedauern es sehr, unsere hübsche, begabte Tänzerin zu verlieren, aber wir möchten einer weiteren, aussichtsreichen Karriere nicht im Wege stehen und lösen den Vertrag mit Ihnen ohne Bedingung auf."

Dankend für die künstlerische Möglichkeit der Weiterentwicklung am Staatstheater verabschiedete ich mich, streichelte im Ballettsaal noch ein letztes Mal die Stange, an der ich jahrelang trainiert hatte und sah auf die Tafel:

„Hüpfen und Springen ist auch Tanz, aber nur im Erlebten liegt die Kunst."

Diese Worte klangen in mir nach, als ich der historischen Künstlerstadt Weimar den Rücken kehrte.

3.

Welcher ist der entscheidende Schritt in unserem Leben, aus dem sich in Folge alle weiteren Schritte zwangsläufig ergeben?

Meine Entscheidung, 1943 an das Provinztheater nach Guben zu gehen, war der künstlerisch richtig gewählte Weg. Welche Lebenswege sich unweigerlich aus dem Entschluß, das Theater zu wechseln, ergeben würden, hielt die Zukunft verborgen.

Künstleranfänger beginnen ihre Laufbahn vorwiegend an einer kleineren Bühne, wo sie weitaus größere Chancen des Rollenangebots haben und gefordert werden, bewirkt auch durch den schnellen Wechsel des Spielplans. Meine Rollen umfaßten vorwiegend die klassische Operette sowie auch moderne Singspiele.

In Guben erwartete mich ein hervorragendes Ensemble, denn einige Künstler hatten sich von Berliner Bühnen wegen der anhaltenden

Bombenangriffe auf die Hauptstadt von dort abgesetzt, um in Städten wirken zu können, die weniger von Luftangriffen bedroht wurden.

Historische Aufnahme vom Stadttheater Guben

Das baulich hübsche Theater lag auf einer Insel in der Neisse, das man über eine Brücke erreichte. Häufig warteten dort junge Mädchen auf ihre Theaterlieblinge und baten um ein Autogramm.

Der Intendant hatte ein straffes Programm zusammengestellt, in dem mit vielen Tanzeinlagen, in eigener Choreografie, mein tänzerisches Können auch neben den Gesangspartien zur Geltung kam. Zum großen Gefallen der Zuschauer. Mein Partner, ein tanzbegabter Buffo, und ich tanzten und sangen uns in die Herzen des Gubener Publikums. Oft wollte der Applaus nicht enden, und wir kehrten immer wieder für Zugaben auf die Bühne zurück. Meine Lieblingsrolle in jener Saison war die Rolle der Pepi in der Operette „Wiener Blut", von der ich meinte, sie sei mir wie auf den Leib geschrieben. Es sollte von September 1943 bis Juli 1944 meine erste aber auch die letzte Saison in Guben werden. Trat ich nur an jenem Theater ein letztes Mal auf?

Es kam auch mal in Guben vor, daß wir Alarm bekamen, denn die Front rückte der deutschen Grenze stetig näher. Bei Luftalarm wurde die Vorstellung unterbrochen, die Zuschauer in den separaten Luftschutzkeller beordert. Nach der amtlichen Verordnung, streng bürokratisch geregelt, fiel nach einer halben Stunde Alarmzeit die Vorstellung aus. Das Publikum jedoch stand, auch nach mehr als dreißig minütigem Alarm zurückgekehrt, applaudierend im Zuschauerraum, bis der Intendant die Anordnung an uns erließ: „Weitermachen!" Wir sangen und tanzten noch bis gegen ein Uhr nachts. Denn welche freudigen Ereignisse boten sich den Menschen noch überhaupt?

In der Lebensmittelversorgung nahm man laufend Einschränkungen auf sich, ebenso bei den Kleiderkarten und der Schuhzuteilung. Auch fast alle sonstigen irgendwie unterhaltsamen Veranstaltungen wurden infolge der Entwicklung des Kriegsgeschehens eingestellt.

Geld hatten wir alle, aber zu kaufen gab es kaum etwas. Man fragte sich, welche unverbesserlichen Nazis bei der Rede des Reichspropagandaministers Josef Goebbels und auf seine beschwörende Frage: „Wollt ihr den totalen Krieg?", mit Ja geschrieen hatten. Die Auswirkungen des totalen Krieges sollten uns bald ereilen.

Zum Ensemble des Theaters gehörte eine ungarische Künstlerin, die mich überraschend zu einem gemütlichen Beisammensein in ihre Wohnung einlud.

Da ich zu der Zeit jeden Abend auf dem Spielplan stand, konnte ich eine Zusage erst für den Zeitpunkt nach der Vorstellung geben. Unglücklicherweise erkrankte an diesem Tag eine der Hauptdarstellerinnen, und man bat mich, statt meiner Rolle ihre Gesangspartie der Fiametta zu übernehmen. Nach eindringlicher Bitte des Intendanten, den „Boccaccio" nicht platzen zu lassen, erklärte ich mich schließlich bereit, die neue Rolle in fünf Stunden zu lernen, während mein bisheriger Part von einer Sängerin aus dem Chor übernommen wurde. Die Partie der Fiametta beherrschte ich zwar gesanglich, den Prosateil jedoch nicht. Es wurde schon zu einer Herausforderung, den neuen Text zu sprechen und „meinen" Text in der Operette plötzlich von einer anderen Darstellerin zu hören, oder Auftritte und Positionen nicht zu verwechseln. Die Vorstellung konnte ich aber retten und kam anschließend auch noch der Einladung nach.

Die Ungarin stellte mir einen Andreas Török von Szendrö aus Ungarn vor, den sie aus der ungarischen Gesandtschaft kannte. Er begrüßte mich mit liebenswürdiger Höflichkeit. Als sich unsere Blicke trafen, lag in seinen blauen Augen ein gütiger Ausdruck. Eine Seltenheit in unserer verkrampften Gesellschaft. Der Blickkontakt währte einen Augenblick, und mein Herz begann plötzlich zu klopfen, als müsse man es hören. Schnell wandte ich mich den sich unterhaltenden Gästen zu. Der ungarische Adlige stand in gediegenem Anzug an einen Bücherschrank gelehnt, von wo aus unübersehbar und unausweichlich seine Blicke auf mir ruhten. Er mochte Mitte dreißig sein und von sportlicher Statur. Mit den Worten: „Wie reizend haben Sie die Rolle in 'Wiener Blut' gespielt, so fröhlich und lebendig", wandte er sich mir zu.

„Danke", sagte ich, „die Rolle liebe ich besonders. Aber wenn Sie aus Ungarn kommen, dann sollten Sie sich auch meine 'Julischka aus Budapest' aus der Operette 'Maske in Blau' anschauen", sprudelte es spitzbübisch aus mir heraus.

„Mit großem Vergnügen", erwiderte er schmunzelnd, mit einem durchdringenden Blick in meine Augen, der mich erneut verlegen machte.

Die Gastgeberin kredenzte ungarischen Wein, der nach kurzer Zeit seine Wirkung bei mir auslöste. Die vorausgegangene geistige Anstrengung des Tages und des Abends ließ mich im Sessel sitzend einschlafen. Die fröhliche Unterhaltung der Gesellschaft unterbrach meine Schlafpause, und mit einer Entschuldigung bat ich, mich verabschieden zu dürfen. Andreas von Szendrö bot sofort eine Heimfahrt in seinem Diplomatenwagen an und ersuchte bei der Verabschiedung um ein Wiedersehen. „Vielleicht einmal," antwortete ich übermüdet. Es war eine ungewöhnliche, halb verschlafene, erste Begegnung, von der ich nie geglaubt hätte, dabei meinen späteren Ehemann getroffen zu haben.

Als ich nach ein paar Tagen um die Mittagszeit das Theater verließ, sah ich meinen neuen ungarischen Bekannten auf der Brücke stehen.

„Warten Sie auf ein Autogramm oder bewundern Sie die schönen Schwäne auf der Neisse," fragte ich lachend, „und was führt Sie hierher?"

„Das können nur Sie sein," antwortete er charmant, „wie schön, Sie wieder zu sehen." Plaudernd liefen wir am Fluß entlang, während Andreas von Szendrö berichtete, er wohne im Schloß Bärenklau, das circa fünfzehn Kilometer von Guben entfernt läge und nur mit dem Auto erreichbar sei. Das Schloß gehöre einem Tuchfabrikanten, der es zu einem Teil an die ungarische Gesandtschaft und das Konsulat vermietet hätte, die nur noch wenige Räume in Berlin offenhielten, um nachts den dauernden Fliegerangriffen ausweichen zu können.

„Gern möchte ich Sie nach Schloß Bärenklau einladen, es würde Ihnen dort gefallen. Wann hätten Sie für einen Besuch Zeit?", fragte Andreas von Szendrö.

„Das läßt sich meinerseits nur sonntags am Frühnachmittag ermöglichen, gegen Abend muß ich in die Vorstellung. Vielleicht ist das ein günstiger Zeitpunkt, damit ich ja nicht das Rendezvous wieder verschlafe," lächelte ich verschmitzt.

„Sie sind ein Schelm, ich hole Sie am Sonntag ab", sagte er, küßte meine Hand und fuhr davon.

Mein „Traumschloß", das Schloß Bärenklau bei Guben

Ein herrliches Anwesen erwartete mich am Sonntag, als mich der Diplomat nach Bärenklau in einen großzügigen Park mit umliegendem Waldgebiet zum Schloßeingang fuhr. Die eleganten Räumlichkeiten, Salons, auch Büros und kunstvoll verzierte Treppenaufgänge fanden meine Bewunderung. Nach dem Tee mit feinem ungarischen Gebäck machten wir eine Parkbesichtigung durch die blumengeschmückten

Anlagen. Dabei offenbarte mir Andreas von Szendrö, mit der Ungarin die Absprache getroffen zu haben, mich zu dem bewußten Abend einzuladen, um endlich in meine Nähe zu gelangen.

„Und dann haben Sie auch gewiß durch die Dame erfahren, um welche Zeit ich gegen Mittag das Theater nach der Probe verlasse, stimmt das?", fragte ich mit gespieltem Ernst.

„Ich habe es getan, und Sie müssen mir verzeihen, aber nach meinem Besuch in der Operette 'Wiener Blut' bewegt mich ständig die Frage, ob Sie diese Rolle in der Art nur spielen oder von Natur aus so schelmisch, herzerfrischend und übermütig seien," fragte er mit einem tiefen Blick in meine Augen.

„Das müssen Sie schon selbst herausfinden," antwortete ich, lief davon , um mich hinter einem Busch zu verstecken. Mit schnellen Schritten hatte er mich aus dem Versteck geholt, zog mich zärtlich in seine Arme und ich hörte ihn flüstern.

„Du bist wirklich so, der Schalk lacht dir aus den Augen."

Er küßte mich innig. Mir rann ein prickelndes Gefühl durch den Körper, ich schlang meine Arme um seinen Hals und erwiderte seine Küsse.

Nachdenklich stimmte mich diese Begegnung und mein spontanes Erwidern seiner Annäherung, als ich Guben wieder erreicht hatte. Könnte dieser Mann einen ernsthaften Einfluß auf mein Gefühlsleben nehmen? Schnell verwarf und verdrängte ich diesen Gedanken als sinnlos. Schon manchem hartnäckigen Bewerber um meine Gunst, ob Bankdirektor oder Arzt, hatte ich den Laufpaß gegeben.

Diesmal schien aber ein kleiner Funke von Herz zu Herz übergesprungen zu sein, und der nächsten Verabredung hatte ich ja auch zugestimmt.

Als legendäre „Pepi" mit Partner in „Wiener Blut"

Während ich meistens abends auf der Bühne stand, fuhr Andreas tagsüber nach Berlin, um dienstliche Angelegenheiten zu regeln. Von Beruf war er Agraringenieur, betreute die ungarischen Landarbeiter in den deutschen Provinzen und sorgte für die Einhaltung der geschlossenen Verträge zwischen Deutschland und Ungarn. Als Fachmann hatte ihn das ungarische Außenministerium vom Budapester Landwirtschaftsministerium angefordert und im Diplomatenstatus in Berlin eingesetzt. Sonntags holte er mich häufig bis zur Abendvorstellung nach Bärenklau, wo ich Gast in der Gesandtschafts- und Konsulatsabteilung war. Jede Botschaft oder Gesandtschaft verfügte über ein eigenes Lebensmitteldepot, wovon sie sich versorgten. Ein ungarischer Koch stand in Bärenklau zur Verfügung, und ein Zimmermädchen bediente bei Tisch. Nach hervorragenden Speisen und gutem Wein fuhren wir in lustiger Gesellschaft bei sonnigem Wetter zum Baden und Picknick an einen See. In meiner Gegenwart sprach man nur deutsch, aber wenn die Herren mal untereinander einige Worte in ungarisch wechselten, empfand ich die Sprache als undefinierbar.

Andreas erklärte mir, in Ungarn heiße er „Bandi", und seither nannte ich ihn ebenso. Mich riefen er und sein Freund „kleines Mädchen", weil ich so wesentlich jünger aussah, als ich war. Im Ungarischen fällt die Bezeichnung „kleines Mädchen" kürzer aus als im Deutschen und viel klangvoller, es heißt: „kis leány".
Diese sonntäglichen Nachmittage in fröhlicher Runde verdrängten den Gedanken an das Kriegsgeschehen. Besonders bei kleinen Spaziergängen zu zweit im Wald, der den See umgab. Hier fanden wir zärtliche Minuten des Alleinseins und ich fühlte es genau. Ich hatte mich verliebt.

Ein beglückender Zustand war das Verliebtsein, und die üblichen Liebesszenen in den Operetten spielte ich fortan unbewußt überzeugender. Mein Partner sprach mich eines Abends an.
„Bist du jetzt eigentlich wirklich in mich verliebt oder spielst du nur deine Rolle?"
„Verliebt bin ich wirklich. Aber nicht in dich!", fiel meine Antwort aus.
Bandi bewegte nach einem Theaterbesuch wiederum die Frage, ob es nicht unangenehm sei, Abend für Abend sich von seinen Partnern küssen zu lassen? Mich überkam ein anhaltendes Lachen. Nachdem ich ihm erklärt hatte, man würde die Kußszene nur als solche vom Zuschauerraum aus wahrnehmen, zeigte ich ihm die Stellung.
„Wir küssen uns nie", bemerkte ich.
Da fiel ihm ein Stein vom Herzen.
Aha, dachte ich, eifersüchtig ist er auch schon!

Die schmollende „Pepi" in „Wiener Blut"

Anfang August 1944 saß ich im Büro des Intendanten zur Rollenbesprechung für die neue Saison, als sein Telefon läutete. Nachdem er eine Durchsage mit ernster Miene angehört hatte, fielen bedrückt seine Worte.

„Also, wir sind ab sofort geschlossen."

„Was heißt das?", fragte ich erstaunt.

„Alle Theater in Deutschland sind mit sofortiger Wirkung geschlossen und wir werden in der Kriegsindustrie eingesetzt", antwortete er monoton.

Fassungslos saß ich ihm im Sessel gegenüber, und mir rollten dicke Tränen über die Wangen. Ich sprang vom Sessel auf und ein heftiges Schluchzen erfaßte mich.

„Haben Sie mal ein Taschentuch für mich, Herr Intendant, ich hab' keines dabei", weinte ich vor mich hin.

„Wie unsere kleine Pepi auf der Bühne steht sie da und weint herzzerreißend", sagte er gerührt und reichte sein Tuch. Die Erinnerung seiner Worte an eine Heulszene, die ich so naturgetreu - unter viel Beifall - gespielt hatte, ließ noch mehr Tränen fließen.

„Nun weine nicht, mein Kind, du wirst auch wieder auf der Bühne stehen", sagte der Intendant väterlich. Er duzte mich immer.

Voller Wut trampelte ich mit dem Fuß auf den Boden.

„Das ist doch wohl das Letzte, was unserem sauberen Führer einfallen konnte und was er uns da abverlangt."

Der Intendant war kein Anhänger des Regimes, er versuchte mich zu trösten: „So darfst du das nicht sehen. Du lebst. Und wie viele Tausende in deinem Alter mußten ihr Leben lassen, ohne es jemals richtig gelebt zu haben? Du bist Anfang zwanzig, dein Weg steht noch vor dir, du wirst eine gefragte Künstlerin werden mit deiner schönen Stimme, mit deiner schauspielerischen und tänzerischen Begabung. In meiner Intendantenzeit hatte ich nicht annähernd eine so junge talentierte Künstlerin wie dich. Das haben mir schon einige Kollegen bestätigt und das Interesse an deiner Vielseitigkeit ist groß. Mich schmerzt auch der plötzliche Abschied vom Theater, aber vielleicht wird er nicht lang. Jetzt geh' nach Hause und sei nicht so traurig."

Seit unserem Kennenlernen vor zehn Monaten, hatte sich eine herzliche, innige Freundschaft zwischen uns entwickelt, Bandi wurde immer liebevoller zu mir. Entgangen war mir nicht, wie ungern er mich stets in die Abendvorstellung zum Theater entließ. Aber die Zeit dieses beruflichen Gebundenseins hatte ein Ende genommen. Mit Bestürzung und großem Bedauern nahm er die Nachricht über meine künftige Tätigkeit in einer Munitionsfabrik auf. Wußte er doch, wie sehr ich an meinem Beruf hing.

Einen späten Sommertag verbrachten wir wie gewohnt in der Natur und unternahmen an dem lauen Sommerabend noch einen Spaziergang durch den gepflegten Park des Schlosses, um dann auf einer Bank zu verweilen. Bandi erzählte über seine Heimat, die baulich historischen Städte, über alte, umkämpfte Burgen aus vergangenen Jahrhunderten. Er schwärmte von den im Frühling betörend duftenden Akazienwäldern. Und er malte mir das Bild aus von den stillen Dörfern; dort fand an lauen Abenden, bei Gesang junger Mädchen und Frauen nach der

Maisernte das Entkörnen der Maiskolben statt. In Verzückung geriet ich bei seiner Beschreibung der weiten Puszta, in der alte, hölzerne Ziehbrunnen den Pferden zur Tränke dienten. Andächtig lauschte ich seinen Worten, bemerkte dann, wie seine Stimme immer gedämpfter klang und stiller wurde. Gefühlsmäßig glaubte ich zu ahnen, was jetzt folgen würde.

Im Mittelpunkt der Tanzszene („Wiener Blut")

Er nahm meine Hände sanft in die seinen und sprach leise: „Mein kleines Mädchen, werde meine Frau. Ich liebe dich sehr und möchte dich für immer bei mir haben."

Darauf preßte er mich fest an sich, so daß mich seine Umarmung, seine Küsse fast schmerzten und ich das Beben seines Körpers spürte. Langsam löste ich mich aus seinen starken Armen, schwieg eine Weile.

„Ich habe dich auch sehr lieb. Aber wie könnte ich jemals deine Frau werden?", fragte ich ihn. „Wenn der Krieg und deine Mission hier beendet sind, wirst du in deine Heimat zurückkehren. Die Sprache deines Landes beherrsche ich nicht. Auch ich hänge an meinem Heimatland. Diese grauenhafte Zeit muß doch einmal ein Ende haben. Dann stehe ich vielleicht vor einer erfolgreichen Karriere, für die ich seit meiner Kindheit gearbeitet habe. Und vor meinem dreißigsten Lebensjahr hatte ich nicht die Absicht, eine feste Bindung einzugehen."

Unbeirrt fuhr er fort: „Ich erwarte nicht von dir, in Ungarn zu leben, sondern werde dir das ganze Land zeigen und dann entscheidest du, in welchem der beiden Länder du leben möchtest. Da lebe dann auch ich. An der Gesandtschaft kann ich ebenso in einer anderen Position tätig sein. Und deiner beruflichen Laufbahn setze ich nichts entgegen. Was du heute nicht entscheiden kannst, wird dir meine Liebe zu dir erleichtern und den rechten Weg weisen."

Seine Worte, seine Zärtlichkeit löste eine heftige Erregung in meinen zwiespältigen Gefühlen aus, über die ich die Beherrschung nicht verlieren wollte. Er mußte die Unsicherheit meines Widerstandes fühlen. Er liebkoste mein Gesicht.

„Du darfst dich nicht gegen deine starken Empfindungen wehren", flüsterte er, „von denen ich spüre, daß sie mir gehören werden."

Es war dunkel geworden, mich fröstelte und wir gingen zurück ins Haus.

In dieser Nacht verließ ich Schloß Bärenklau nicht mehr.

Unweit von Guben lag die Munitionsfabrik „Rheinmetall Borsig", zu der man uns im Bus hinfuhr. Das weibliche Personal des Theaters arbeitete im Dreischichtendienst in einer Halle der Fabrik an Fräsmaschinen, die männlichen Mitglieder wurden zu Kriegsdiensten eingesetzt. Das gesamte Ensemble war auseinander gerissen.

Als Hilfsarbeiterin mit Stempelkarte, Arbeitsanzug und dazu gehörender fester Haube lernte ich die Fabrikarbeit kennen, bei einem Monatslohn von 200,- Reichsmark (meine Gage im Theater betrug monatlich 600,- RM). Ein Ausgleich sollte später erstattet werden, den ich aber nie erhalten habe. Die Hallen des Fabrikkomplexes umfaßten ein umfangreiches Areal, über das ein Netzwerk aus künstlichem Laub gespannt war, um feindlichen Fliegern das Auffinden zu erschweren.

In der Halle verbreiteten die Maschinen mit ihren Fräsbohrern starken Lärm, bei fast achtstündigem Lauf war kein Wortwechsel möglich. Einen warmen Eintopf erhielten wir in einer zwanzigminütigen Pause, wo man auf einem Schemel sitzend die ermüdeten Beine während der Nachtschicht etwas entspannen konnte. Die Maschine bedienten wir konzentriert im Stand, den Bohrer, der sich in die Metallteile fraß, ständig im Auge behaltend. Aus den festen Hauben auf dem Kopf durfte kein einziges Haar herausschauen, denn die Gefahr bestand, der Bohrer könnte es erfassen und einem die Schädeldecke einreißen.

In der klassischen Operette „Liselotte von der Pfalz"

Wir hübschen Künstlerinnen empfanden unser Aussehen in den frisurenversteckenden Hauben einfach erschreckend. Der wöchentlich wechselnde Schichtdienst mit jeweils anderen Schlafmöglichkeiten rief bei mir Schlafstörungen hervor, die ich mit Schlaftabletten zu regeln versuchte. Eine riskante Sache, denn die Wirkung hielt oft länger an, als der zeitlich begrenzte Schlaf es erlaubte, und ich stand unsicher vor der Maschine. An Sonntagen bemühte ich mich zeitweise um Ausgleich des Schlafes, so mußte der Besuch in Bärenklau oft ausfallen. Bandi kümmerte sich rührend um meine Gesundheit, versorgte mich mit stärkenden Mitteln, die er bei meiner Vermieterin hinterließ, wenn ich nicht Zuhause war oder tagsüber schlief.

In unserer Halle karrte ein circa 14jähriger Russenjunge die gefertigten Metallteile in einem Container zur Weiterverarbeitung in die nächste Werkshalle. Und das acht Stunden lang ohne Verpflegung. Mich hatte man zur Essensverteilung aus der Gulaschkanone eingeteilt, jeder erhielt mit der Kelle einen „Schlag".

Ein Rest verblieb meistens.

Und während ich den dicken Brei verzehrte, begegnete mir der hungrige Blick des Jungen, der vom Vorarbeiter „Ivan" gerufen wurde. Mit einer Handbewegung bot ich ihm den kleinen Rest an und er nickte lächelnd.

Nachdem sich dieser Vorgang öfters wiederholt hatte, stand plötzlich der Vorarbeiter neben mir und raunzte mich an.
„Was fällt Ihnen ein, hier unsere Feinde zu füttern! Die kriegen ihren Teil."
„Der Junge ist ein Kind und nicht mein Feind. Ich bin ein Mensch, der ein hungriges Kind nicht sehen kann," sprach ich leise, um Ivan nichts merken zu lassen.
Trotz Warnung des Vorarbeiters, meine Aktion bei Wiederholung zu melden, ließ ich mich nicht von meiner milden Gabe abhalten. Man rief mich zur Werksleitung; er hatte mich also verpetzt, und die Leiterin der N.S. Frauenschaft (nationalsozialistische Frauenschaft) fauchte mich an
„Mit welchem Recht verpflegen Sie einen Kriegsgefangenen? Das ist nicht erlaubt!" „Dieser Junge ist kein Kriegsgefangener, sondern ein wehrloses Kind fern seiner Heimat. Wenn es keinen Essensrest aufessen darf, dann bekommt es meinen 'Schlag'," sagte ich ruhig.
„Unterstehen Sie sich solche Handlungen weiter zu betreiben. Oder möchten Sie in ein Arbeitslager? Wir haben hier für Führer und Vaterland zu kämpfen und nicht den Feinden Unterstützung zuteil werden zu lassen. Überlegen Sie genau, was Sie da tun! Sie können jetzt gehen. Heil Hitler!", grüßte sie abschließend.
Am liebsten hätte ich ihr ins Gesicht gespuckt.

Von dem Tag an lehnte ich die Essensverteilung ab, so konnte Ivan das auferlegte Verbot nicht bemerken. In mir stieg Wut und Trotz hoch, irgendwie mußte ich mich abreagieren. Wenn die Kontrolleure neben meiner Maschine standen, um die Präzision des Arbeitsganges zu überwachen und die Schnelligkeit der Laufzeit zu stoppen, arbeitete ich fehlerfrei und zügig. Bei dem Arbeitsgang allein gelassen, legte ich die Teilstücke ungenau unter den Bohrer, so daß das zu fräsende Loch an falscher Stelle entstand und gewiß nicht zum nächsten Teilstück passen konnte. Also ein Schrotteil wurde. Wie in großen mußte man ebenso in kleinen Taten das Ende des Krieges beschleunigen, der doch schon längst verloren war.

Als „Maitresse" am französischen Königshof

Ein Ende des Krieges für alle Menschen, - auch für Ivan und für mich.

Das Weihnachtsfest und der Jahreswechsel 1944/45 vermittelten schon einen deprimierenden Eindruck. Die Bevölkerung glaubte nicht mehr an das von den Nazis vorgegaukelte siegreiche Ende des Krieges. Weihnachtsbäume waren eine Rarität. Es gab keine Forstarbeiter mehr, die Bäume fällten. Alle arbeitsfähigen Menschen standen in Kriegsdiensten. Auch Kerzen konnte man nur mit Beziehungen ergattern. Wenigstens die kleinen Kinder sollten ein Kerzlein am Baum brennen sehen oder sich über eine selbstgebastelte Stoffpuppe erfreuen. Süßigkeiten gab es für sie nicht mehr.

Die ständige Bombardierung Stettins ließ meine Eltern über die Feiertage nach Guben flüchten. Meine Schwester hatte im Dresdner Lazarett

Dienst. Mit meinen Eltern und den Bewohnern des Mietshauses verbrachte ich besorgt aber verhältnismäßig gemütlich ein paar Stunden. Dann folgte für jeden der Alltag, die Eltern fuhren zurück, um nach der Stettiner Wohnung zu schauen, und ich mußte meinen Schichtdienst in der Munitionsfabrik wieder aufnehmen.

Ein heiteres Terzett

Vielleicht waren wir nach annähernd sechs Jahren dem Ende einer Leidperiode näher als ich ahnte? Mein Vater besuchte mich im Januar überraschend noch einmal in Guben, nachdem er meine Mutter wegen einer dringenden Operation in die Lazarett-Stadt Dresden gebracht hatte. In Stettin gab es kein funktionsfähiges Krankenhaus mehr. Die Stadt lag unter Dauerbeschuß. Die Übernahme durch die Russen war stündlich zu erwarten.

Mein Vater reiste von Guben nach Lübeck weiter, wohin die gesamte Fabrikleitung seiner Firma übergesiedelt war. Mich ermahnte er vor der Abreise eindringlich, keine kritischen Äußerungen fallen zu lassen. Schon gar nicht hinsichtlich einer Niederlage. Denn auf jeden Hinweis,

Deutschland könne den Krieg verlieren, stand die Todesstrafe. Und mein Vater wußte, wie leichtfertig ich manchmal mit Bemerkungen umging.

Das Berliner Hauptquartier des Führers glaubte angeblich noch immer an die siegreiche Auferstehung des 'Dritten Reiches'. Oder belogen sie sich dort sogar selbst?

Ende Januar 1945, an einem seiner grauen Tage, stand ich nach der Spätschicht müde und angeschlagen auf, um aus dem Fenster zu schauen. Ein erschreckendes Bild bot sich meinen Augen. Eine unübersehbare Anzahl an Menschen und Gefährten, mit klapprigen Gäulen davor, zog durch die Straßen von Guben, bewegte sich schleppend voran. Gestalten saßen vermummt auf Leiterwagen, mit dicken Tüchern der Kälte trotzend. Daneben trotteten alte Männer müden Schrittes, als wollten sie jeden Moment stehen bleiben. Der Anblick, den die trippelnden Kinder neben den Wagen vermittelten, ließ mich erschüttern. Rasch warf ich einige warme Kleidungsstücke über mich und rannte auf die Straße.

„Wo kommen sie her? Wo wollen Sie hin?", fragte ich voller Mitgefühl.

„Wir sind auf der Flucht. Vor den Russen. Und aus der Breslauer Gegend. Wir mußten alles verlassen. Aber nach dem Wohin fragen Sie mich nicht. Wir wissen es nicht", klagte eine Frau mit heiserer Stimme.

Bis zum Beginn meiner Spätschicht kochte ich Tee und brachte den durchfrorenen Menschen ein heißes Getränk. Im Mietshaus wohnte ich inzwischen ganz allein, alle Bewohner waren evakuiert oder geflüchtet. Nur ich mußte wegen der Munitionsfabrik ausharren. Bandi war zu einer letzten dreitägigen Inspektionsreise aufgebrochen.

An diesem Tag saß ich am Frühnachmittag im Bus zur Fabrik neben meiner Schauspielkollegin, die aus Litauen stammte, und erzählte ihr vom Flüchtlingstreck. Gleichzeitig bemerkte ich, vor den Russen keine Angst zu haben, denn ich hätte mir auch nichts zu Schulden kommen lassen. Entsetzt reagierte sie und gab mir zur Antwort, sie würde auch auf den Knien vor den russischen Soldaten wegrutschen, seit sie 1940 den Einmarsch der „Roten Armee" in Litauen erlebt hätte.

Die Spätschicht begann wie üblich, als plötzlich , nach zwei Stunden die Maschinen verstummten. Der Vorarbeiter teilte uns kurz mit, das

Werk sei ab sofort geschlossen und wir könnten gehen wohin wir wollten. Endlich konnte ich mich einmal zu normaler Zeit schlafen legen und dachte nicht darüber nach, welche Ursache unsere unerwartete Entlassung haben konnte.

Nach Mitternacht riß mich ein ohrenbetäubender Knall, eine Detonation aus dem Schlaf. Die Wände des Hauses erschütterte ein gewaltiger Druck. Ich taumelte aus dem Bett und schrie.

„Herrgott, kommt jetzt die Hölle über uns? Ich habe Angst, schreckliche Angst!!..." Meinen Schrei hörte niemand in dem leeren Haus, ich zitterte am ganzen Körper.

Man wird eine Brücke gesprengt haben. Mich überfiel nur ein Gedanke. Fort von hier! Fort! Aber wohin?

Ich war unfähig, klare Gedanken zu fassen. Stettin war verloren, das nächste Ziel konnte nur Dresden sein, wo meine Schwester wohnte, und die Mutter jetzt im Krankenhaus lag. Bandi würde ich über meinen Verbleib benachrichtigen. Post und Telefon funktionierten noch einwandfrei, dank der vielen Frauen, die anstelle ihrer Männer die Ämter führten.

Allein eine Bahnreise mit Gepäck erschien hoffnungslos. Die Züge waren total überfüllt. Schon ein Aufsteigen auf den Zug im Gedränge und Geschubse war unmöglich sowie gefährlich, es herrschten chaotische Zustände. Wie ich in den letzten Tagen gehört hatte, gab es nur eine Möglichkeit der Fortbewegung, nämlich sich von Militärfahrzeugen als Flüchtling mitnehmen zu lassen.

Im Morgengrauen packte ich zwei Koffer und bei Tagesanbruch ging ich zu einer großen Tankstelle, um auftankende Großfahrzeuge um Mitnahme zu bitten. Plötzlich sprach mich jemand mit meinem Namen an. Es war der Chauffeur der ungarischen Gesandtschaft, der mich kannte und alle Wagen betankte.

„Was machen Sie noch in dieser Stadt?! Herr von Szendrö sucht Sie seit einer halben Stunde überall, denn die Russen werden bald hier sein", sagte er aufgeregt.

Kurz darauf stand Bandi atemlos vor mir. Er hatte vergeblich an meiner verlassenen Wohnung geklopft und überall in der Stadt nach mir gesucht. Nachdem ich ihm mein Reisevorhaben vorgetragen hatte, fielen hastig seine Worte.

„Meine Reise habe ich abgebrochen, um dich hier rauszuholen. Wir werden sofort nach Berlin fahren, wo ich über die Gesandtschaft außerhalb der Stadt ein evakuiertes Häuschen angemietet habe. Du kannst unmöglich mit dem Militär ins Ungewisse reisen! Deine Mutter und Schwester holen wir aber nach, sobald die Patientin transportfähig ist, um uns dann sofort in den Westen abzusetzen. Die Straßen von und nach Berlin sind frei und werden von der Wehrmacht gehalten."

Meinen Plan mit der Dresdener Reise verteidigte ich entschieden.

„Wie kann ich denn mit einem Mann allein in einem Haus wohnen und wo habe ich noch eine Bleibe?", führte ich weiter aus. (In der damaligen Zeit war ein Zusammenleben zwischen unverheirateten Partnern *unvorstellbar*!)

Energisch packte er mich bei den Schultern und redete entrüstet auf mich ein.

„Du trotziges, widerspenstiges kleines Mädchen. Begreifst du denn nicht, in welcher Gefahr du hier schwebst? Außergewöhnliche Zeiten erlauben auch außergewöhnliche Situationen. Wir fahren jetzt nach Bärenklau, wo ich noch etwas abholen muß. Dann weiter nach Berlin. Und du steigst jetzt sofort ins Auto!"

Es war das erste Mal in meinem Leben, daß ich, außer meinem Vater, einem Mann gehorcht habe.

Wehmütige Gedanken begleiteten mich auf der Fahrt zum Schloß, das dem Ansturm der Russen preisgegeben war. In der großzügigen, eleganten Halle begegneten wir dem Hausherrn und nahmen die Gelegenheit zu einer kurzen Verabschiedung wahr. Die Männer wechselten noch ein paar Worte über die ernste Lage, die das Kanonengedonner der Russen unmißverständlich ankündigte.

Gedankenverloren stand ich neben den beiden, meine Augen ruhten auf dem schönen Treppenaufgang, der zu den Schlafräumen des Schlosses führte. Der Anblick der Treppe ließ das Erinnern an die jüngst vergangene leidenschaftliche Nacht noch einmal Gestalt annehmen.

Der Gegenwart entrückt sah ich, wie Bandi mich leicht widerstrebend, meine Hüften umschlungen, Stufe für Stufe den Aufgang empor zog und auf den Armen davontrug ...

Das Geräusch des laufenden Automotors holte mich in die Wirklichkeit zurück. Und wir verließen ein letztes Mal und nun für immer den Schloßhof von Bärenklau.

In dunstiger Ferne entschwanden dem Blick die Umrisse meines Traumschlosses.

4.

Es dämmerte schon, als wir Berlin an dem kalten Januartag 1945 erreichten, die Stadt machte einen finsteren, düsteren Eindruck. Die teils ausgebombten Häuser erschienen wie schwarze Kulissen am Straßenrand. Wir mußten die Hauptstadt durchqueren, um zu dem von Bandi angemieteten Haus zu gelangen.

In dieser Stadt zu leben, so empfand ich, mußte inzwischen der nackte Horror sein.

Die noch unbeschädigten Gebäude mit ihren schwarzen, verdunkelten Fenstern, die Straßenlaternen in schwachem Blaulicht vermittelten eine bedrückende Stimmung. Auf der Fahrt war ich recht schweigsam, während Bandi von Ungarn berichtete, das inzwischen in russische Hand geraten war, nachdem um Budapest sieben Wochen lang gekämpft worden war. Seine Heimat hatte er seit Monaten nicht mehr gesehen, war jedoch durch die Gesandtschaft über alle Vorgänge informiert. Er meinte, im Vergleich zu Budapest würde sich ein Kampf um Berlin wesentlich länger hinziehen. Vielleicht noch Monate, mutmaßte er.

Diese Einschätzung erwies sich aber als falsch.

Das weit außerhalb von Berlin gelegene Schöneiche hatte eher einen dörflichen Charakter, mit Siedlungshäusern und kleinen Gärten um sie herum. Viele Eigentümer solcher Häuser hatten ihren Besitz Gesandtschaften zur Verfügung gestellt um sie nicht unbewohnt zu lassen, solange ihre Evakuierung andauerte.

Tagsüber hielten wir uns für eine begrenzte Zeit im Zentrum Berlins auf, Bandi in seiner Dienststelle, während ich um das unbeschädigte Brandenburger Tor herum und über die Straße „Unter den Linden" schlenderte. In die Seitenstraßen wagte ich kaum einen Blick. Die zu Ruinen zerstörten Häuser ließen mich die Tatsache grauenvollen Geschehens zu deutlich erkennen. Entsetzliches Elend war über diese

Stadt hereingebrochen. Ich konnte den Anblick seelisch nicht mehr ertragen.

Ich flüchtete mich ins Hotel Adlon, wo ich etwas später mit Bandi zum Essen verabredet war. Auch in der einst exquisiten Speisegaststätte gab es nur noch ein Einheitsessen, doch legte dieses so elegante Hotel noch immer Wert auf die Tradition seines Hauses. Zur großen Überraschung der dort das einfache Kohlgericht verzehrenden Bürger stand plötzlich der Geschäftsführer im Speiseraum und machte eine elegante Handbewegung.

„Ich lasse jetzt einen Cognac servieren!", verkündete er.

Die Szene und die noble Geste bei ungewohntem Alkoholangebot im sechsten Kriegsjahr fand ich urkomisch, sie reizte mich zum Lachen. Und es wird für lange Zeit eines der letzten Angebote dieser Art gewesen sein. Bald stürzte auch das berühmte Hotel Adlon unter einem Bombenhagel in Schutt und Asche zusammen.

Am Abend dieses Tages sprach Bandi über die Zukunft, die er in einem gehobenen Wohlstand sichern konnte. Zudem verfügte er in seinem Alter, Mitte dreißig, über ein weltmännisches Auftreten und eine gefestigte Lebensauffassung, die mir als Anfang Zwanzigjährige in bestimmten Entscheidungen fehlte. Uns trennten ja altersmäßig fast dreizehn Jahre und seinen Ausführungen über ein gemeinsames Leben hörte ich ohne eine Bemerkung aufmerksam doch mit einer gewissen Distanz zu.

Die Berufsaufgabe und die Monate in der Munitionsfabrik hatten mein seelisches Gleichgewicht ins Schwanken gebracht und meine Willenskraft eingeschränkt.

Mit großem Verständnis reagierte er auf meine Zurückhaltung und drängte mich in keiner Weise zu einer Entscheidung bezüglich seiner Heiratspläne.

Am Abend wurden ständig deutsche sowie ausländische, also „feindliche" Radiosender abgehört. Eine Durchsage von einem feindlichen Sender ließ mich aufhorchen. Es wurde eine Botschaft ausgestrahlt, daß wenn das deutsche Volk sich nicht von seiner Regierung trennt, eine deutsche Stadt dem Erdboden gleich gemacht werden würde.

Diese Stadt hieß Dresden.

Als ich dann in jener Nacht vom 13. auf den 14. Februar vom deutschen Radiosender hörte, zahlreiche feindliche Fluggeschwader seien im Anflug auf die Lazarett-Stadt Dresden, stockte mir der Atem.

Am nächsten Morgen erfuhren wir vom Inferno, das nächtens in der Elbstadt stattgefunden hatte.

„Ich muß da hin! Was ist mit meiner Mutter und Schwester?", rief ich aufgeregt.

In Berlin löste mir Bandi mit seinem Diplomatenpaß eine Fahrkarte nach Dresden, denn man konnte mit einem Wohnortsnachweis nur 50 km weit fahren, und bekam keine Genehmigung mehr zur Weiterfahrt.

Bandi bat um baldige Nachricht nach meiner Ankunft, und versorgte mich noch mit einer größeren Anzahl von Zigaretten.

„Wenn du irgendwo nicht weiter kommst, werden dir Rauchwaren eine große Hilfe sein", betonte er.

Ich winkte aus dem Zugfenster und sein sorgenvoller Blick verfolgte mich. Dann rollte der Nachtzug einer fürchterlichen Reise entgegen. In den Abteilen konnte man fast nichts sehen, wie alle öffentlichen Verkehrsmittel waren auch die Züge im Innern abgedunkelt. Nach kurzer Fahrt rannte die Schaffnerin durch den Gang. „Fliegeralarm! Alle den Zug verlassen! Sich in den Graben legen!", rief sie.

In der bitter kalten Winternacht lagen wir ein Stück von den Gleisen entfernt und hörten über uns die feindlichen Flugzeuge brummen. Dann ging es weiter, mal schob die Lokomotive uns zurück, dann wieder zog sie die Waggons in Fahrtrichtung vorwärts. Dies wiederholte sich ein paar mal, bis ich den Bahnhof Dresdner-Neustadt erreichte. Der eigentliche Hauptbahnhof war ein Trümmerfeld.

Es wurde schon Tag als ich das Elbufer erreichte, wo sich mir ein grauenvoller Anblick darbot. Nur noch Ruinen, rauchende Ruinen, nichts als Trümmer. Ein penetranter Leichengeruch zog mir in die Nase.

An das andere Ufer mußte ich gelangen, dort wohnte meine Schwester. Ich stand vor einer Brücke, die auf die Frauenkirche, eine drohende, gespenstische Ruine, zuführte. Diese Brücke hing in stark schräger Lage, mit einem großen Loch in der Mitte über dem Elbfluß. Ich dachte, jetzt nur nicht nach unten sehen, du mußt hinüber, um das Ludendorff-Ufer zu erreichen. Unter mir rauschte der Fluß dahin, und ich erschauderte bei dem Gedanken eines plötzlichen Einsturzes der Brücke.

Die ehemals elegante Prager Straße war eine Trümmerwüste, nur der barocke Zwinger stand noch, wo ich in längst vergangenen Tagen an einem sommerlichen Abend dem Konzert von Mozarts „Kleine Nachtmusik" gelauscht hatte.

Aus den bis auf die Grundmauern abgebrannten oder eingestürzten Häusern trug man die verkohlten Leichen aus den Kellern hinaus und beugte sie in Haufen aufeinander. Nur mit einem stark parfümierten Tuch vor der Nase konnte ich meinen Weg fortsetzen, denn der Leichengestank war unerträglich.

Am grünen Elbufer entlang lagen ebenfalls Leichen. Die Menschen, die nahe zur Elbe wohnten, hatten sich aus den brennenden Häusern an den Fluß gerettet. Später kamen Flieger im Tiefflug, aus Maschinengewehren wurde in die Menge gefeuert.

Den Kopf gesenkt ging ich weiter an den Elbauen entlang, immer in der Hoffnung, beim Anheben des Kopfes das noch unzerstörte Mietshaus meiner Schwester vorzufinden. Aber als ich davor stand, lag auch dieses Haus in Trümmern, und ich las an den Maueransätzen des Hauseingangs mit Kreide geschrieben die Namen derer, die am Leben geblieben waren. Den Namen meiner Schwester fand ich nicht. Ich setzte mich auf mein kleines Gepäckstück auf der Promenade und weinte bitterlich. Ich konnte es nicht fassen, wollte es nicht wahrhaben, daß sie auch umgekommen sei, und nach nochmaligem, intensivem Suchen entdeckte ich tatsächlich eine winzige Tafel.

Eva Michaelis lebt.

Daneben war als Wohnort „Weißer Hirsch", ein Luftkurort in Dresden, und die genaue Adresse angegeben. Der Weg dahin war weit, und ich erreichte zu Fuß über die Brücke das „Blaue Wunder" die Notunterkunft meiner Schwester.

Aus der Vogelperspektive des hoch gelegenen „Weißen Hirsch" konnte man erst das grauenhafte Ausmaß der Vernichtung der Stadt erkennen. Man hatte Brandbomben auf die Stadt geworfen und als sie in Flammen loderte, rissen die darauffolgenden Sprengbomben die Gebäude nieder. Eine glühende Gesteinsmasse lag über den intakt gebliebenen Luftschutzkellern, deren Ausgänge aber verschüttet waren. Die Menschen darin erstickten, verkohlten, schrumpften zusammen. Zum Teil konnte man erst nach Tagen die überhitzten Keller von außen öffnen und die Leichen auf den mit Trümmern überdeckten Straßen platzieren. Der Anblick brachte mich immer wieder an den Rand einer Ohnmacht.

Fassungslos starrte mich meine Schwester an, als ich am Spätnachmittag bei ihr eintraf. Meine erste Frage lautete, ob die Mutter lebe. Sie hatte erfahren können, daß zwar die Klinik des Professors eine Bombe getroffen hatte, aber er seine Patienten doch noch aus dem Keller hatte ausgraben können, um sie in einer Dorfschule außerhalb von Dresden unterzubringen. Mit Tränen in den Augen umarmte mich meine Schwester bei meiner Erklärung, sie und die Mutter von hier abholen zu wollen, um sie in einem Häuschen außerhalb Berlins unterzubringen. Sie war noch ziemlich verstört, denn auch sie hatte die halbe Nacht am Elbufer verbracht, als man in die hilflose Menschenmenge aus den Flugzeugen hineinschoß.

Um zur Mutter zu gelangen mußten wir an das entgegengesetzte Ende von Dresden über Trümmer klettern, denn Straßen gab es in der Innenstadt nicht mehr. Nur in den Außenbezirken hatte man Busse einsetzen können, die verschiedene Orte anfuhren, um so zu den überlebenden Obdachlosen zu gelangen. Wer noch am Leben war, wohnte irgendwo auf dem Lande. Der Bus rumpelte über unwegsam gewordene Straßen, die durch das Bombardement überall Löcher aufwiesen. Unser Ziel erreichend, fanden wir die Mutter. Sie war noch recht schwach und erst nach Tagen transportfähig.
Bandi hatte ich telefonisch über die unglückliche Gesamtsituation informiert. So holte er uns erst nach mehreren Tagen nach Schöneiche. Wir hatten den festen Plan, von dort sogleich Richtung Westdeutschland aufzubrechen. Der Westen war, so viel wußten wir, schon von Amerikanern eingenommen worden.
Der Wehrmachtsbericht jedoch verbreitete völlig verwirrende und unwahre Nachrichten über die Kriegslage. Wir ahnten nicht, daß die Einnahme Berlins durch die Russen vorbereitet war und bald bevorstand. Die Rote Armee war im Begriff, die Hauptstadt in einem geräumigen Umkreis einzuschließen. So konnten wir zwar noch nach Schöneiche gelangen, doch nach dem Verladen unserer notwendigsten Sachen im Auto geriet unsere Weiterfahrt von Schöneiche nach Westen in Ge-

fahr. Denn die entfernten Ausfallstraßen Berlins standen unter russischem Beschuß. Die neue Situation, die sich in kürzester Zeit entwickelt hatte, zwang uns zur Rückkehr nach Schöneiche. Hier hörten wir Tag und Nacht den Kanonendonner. Die Russen zogen den Kreis um Berlin immer enger.

Ein warmer Frühling war im April 1945 angebrochen. In der wärmenden Sonne saß ich im Garten und vernahm das laute Gespräch der Leute auf der dörflichen Straße. Man prophezeite das Eintreffen der Russen in ein bis zwei Tagen.

Wahrhaftig stürmte nach zwei Tagen eine Soldatenhorde in die Ortschaft, sie sahen wie Tataren aus. Mit schußbereiten Maschinengewehren durchkämmten sie jedes Haus auf der Suche nach deutschen desertierten Soldaten. Und sie nahmen alles mit, was ihnen in die Hände fiel. Besonders auf Alkohol hatten sie es abgesehen, sie rissen alle Schränke auf und warfen den Inhalt durcheinander, ein totales Chaos unvorstellbaren Ausmaßes folgte. Eine große Flasche Parfum „Chanel No.5", die mir Bandi geschenkt hatte, soff der eine russische Soldat genüßlich aus, obwohl ich ihm mit Gesten und Mundlauten versuchte klar zu machen, daß es in der Kehle brennt. Armbanduhren waren ein heiß begehrter Artikel, den wir sofort abgeben mußten. Fahrräder fuhren sie gekonnt oder auch ungeschickt bis auf die Felgen kaputt und ließen sie auf der Straße liegen. Es wurde sehr, sehr vieles demoliert. In der Küche des Hauses gab es eine Falltür zu einem Keller, wo wir einen Teil wichtiger Papiere und Garderobe versteckt hatten und die Klappe mit einem Teppich bedeckt hielten, denn der Ruf der Klauerei eilte den Russen schon aus von ihnen besetzten Gebieten voraus. Doch die Soldaten rissen auch im Haus alle Teppiche hoch und räumten den Keller fast leer. Einen Teil der Ausweispapiere zerrissen sie, vielleicht vor Wut, weil sie keinen Alkohol vorfanden. Man begriff die Lage nicht mehr.

Ein vom Rang her einfacher Offizier überprüfte Bandi, ob er nicht ein deutscher Soldat sei, und er legitimierte sich mit seinem Diplomatenpaß. Offensichtlich verstand der sogenannte Offizier weder etwas von der französischen noch der ungarischen Sprache. Diplomatenpässe waren in französisch und in der Landessprache ausgestellt. Er lächelte freundlich und sprach kurz.

„Aah, Amerikanzi, choroscho!" (Ach Amerikaner, gut!)

Dann klebte er einen Zettel an die Tür: „Sdes schiwut Amerikanzi!" (Hier leben Amerikaner!).

Uns konnte das nur recht sein. Wir Frauen versuchten ihm klar zu machen, daß man unsere Ausweise vernichtet hätte. Er fand das belustigend und mit einem „Aah, Papieri Scheißi" verschwand er.

Mit der Entwendung des Eigentums, das ja irgendwann wieder zu beschaffen war, konnte man sich gerade noch abfinden. Aber unvergeßlich bleiben jene grauenvollen Nachtstunden, in denen man aus den Häusern die Schreie der allein lebenden vergewaltigten Frauen hörte. Wenn der eine russische Soldat von der Frau abließ „bediente" sich der nächste. An Schlaf war bis zum Morgengrauen nicht zu denken, bis die Russen durch die aufgebrochenen Türen aus den Häusern wieder verschwanden.

Die Tage bis zur endgültigen Kapitulation Deutschlands verlebten wir in größter Angst und Schrecken.

Es gab nun weder Strom noch Nachrichten, und wer noch eine Kerze besaß, hockte nach einsetzender Dunkelheit für kurze Zeit mit anderen zusammen, und es gab für uns nur ein Thema. Was bringt der nächste Tag? Man sprach nicht mehr viel, saß beisammen, doch jeden beschäftigte nur noch diese eine Frage. Was bringt der nächste Tag?

Die Straßen lagen voller Gerümpel, von alten auseinander genommenen Autoteilen, Geräten, Maschinen aller Art bis hin zu demolierten Uhren, die die Russen in Unkenntnis des Gebrauchs kaputt-ergründet hatten.

Am 8. Mai endeten die gewalttätigen, turbulenten Tage. Es wurde plötzlich still. Sehr still. Kein einziger Schuß fiel mehr. Wir wußten: Der Krieg ist beendet. Deutschland hat kapituliert.

In diesem Moment der Erlösung vom Krieg schossen mir, im Garten zwischen ersten Frühlingsblumen stehend, sehnsuchtsvolle Gedanken durch den Kopf. Ich werde wieder auf den Dünen an meinem Meer stehen, der Wind wird durch die Gräser fegen und meine Locken zerzausen, die Arme werde ich weit öffnen, wie zu einer Umarmung dieser heimatlichen Landschaft, werde mich im warmen weißen Sand wälzen, der an der nackten Haut hängen bleibt wie eine zärtliche, prickelnde Hülle. Auf die Weite des Meeres werde ich hinaus schauen, dort hin, wo Himmel und Erde scheinbar einander angleichen, und ich werde voller Dank sagen: „Herrgott, wie wunderschön ist deine Welt, auf der nie wieder Krieg sein soll und auf der ich weiter leben darf."

Weiter leben auf der Bühne, singend und tanzend den Menschen Freude bereiten und in der Kunst Erfüllung finden. So dachte, hoffte ich zunächst, an diesem ersten Friedenstag.

Meine Gedanken wurden vom johlenden Geschrei der Russen durchbrochen: „Gitler kaputt, Gitler kaputt!", riefen sie ausgelassen. Das H konnten sie nicht aussprechen, da es das in der russischen Sprache nicht gibt.

Ein höher gestellter Offizier betrat den Garten und ging ins Haus, wohin ich ihm folgte. Wieder wurde Bandis Diplomatenpaß verlangt, und der Offizier stellte die Richtigkeit seines ungarischen Dokumentes fest, worauf er den angebrachten Zettel an der Tür entfernte. Er sprach auch ein paar Worte gebrochenes Deutsch. Mit dem Blick auf uns drei, Mutter, Schwester und mich, fragte er, wer wir seien.

„Meine Frau", erklärte Bandi auf mich zeigend und gab über die zu mir gehörenden Personen Auskunft.

„Dokument?", fragte der Offizier, auf mich blickend.

Bandi entnahm seiner Brusttasche einen ungarischen Paß, der mich als seine Frau auswies. Ich stand wie am Boden angewurzelt und erbleichte vor Schreck. Der Offizier machte sich einige Notizen, grüßte militärisch und mit „Choroscho" verließ er das Haus.

Bandi erklärte uns sofort den Grund für diesen Ausweis. Er hatte ihn vorsorglich im Konsulat ausstellen lassen, nachdem wir den Raum Berlin nicht mehr verlassen konnten. Als im Zentrum der Hauptstadt noch keine Gefechte stattfanden, konnte er seine Dienststelle aufsuchen, um diese rettende Fälschung ausstellen zu lassen. In Anbetracht seiner Informationen über Gewalttätigkeiten russischer Soldaten gegenüber ungarischen Frauen während der Eroberung Ungarns sah er in dem Paß einen Schutz für mich und meine Angehörigen und hoffte, uns so vor unangenehmen Überfällen bewahren zu können.

Meine Mutter bedankte sich für seinen ehrenhaften Schutz und seine Hilfe, die er uns hatte zuteil werden lassen, sie empfand diese Geste durchaus in Ordnung.

Ich verließ wortlos das Haus. Draußen lehnte ich mich an die Wand und starrte in den frühlingsblauen Himmel.

Von jeher brach in mir eine Trotzreaktion aus, wenn ich mich in meinen persönlichen Angelegenheiten übergangen fühlte. Bandi war mir in den Garten gefolgt. Um uns sprossen Blumen. Und es gab keinen Krieg mehr. Doch was wird der nächste Tag bringen?

Zögernd löste sich meine Sprachlosigkeit auf.

„Was hat das für Folgen für mich?! Der Offizier hatte sich die Angaben in den Pässen notiert. Und nach dem Verlust einiger meiner Urkunden soll ich jetzt plötzlich auf dem Papier deine Frau sein? Ich bin überhaupt nicht deine Frau. Nicht einmal ein Jawort habe ich dir gegeben."

Er nahm zärtlich meinen Kopf in seine Hände. Er sprach sehr langsam und betont

„Den Paß darfst du, wenn sich die Lage stabilisiert hat, wieder vernichten. Aber ich weiß und spüre doch, du liebst mich auch. Dein Zögern bei deiner Entscheidung macht dich noch viel reizvoller für mich in meinem Wunsch, dich für immer als meine Frau zu gewinnen. Nur ich weiß..., ich weiß..., mein Trotzkopf bringt das Ja dazu nicht über die Lippen. Aber für mich bist du schon meine kleine geliebte Frau geworden, als dein Herz in Bärenklau Ja zu mir sagte. Und mich unendlich glücklich machte und macht."

Seine gütigen blauen Augen schauten mich liebevoll an. Mein Herz begann wieder heftiger zu pochen. So wie bei unserer ersten Begegnung. Leise, dann ein wenig trotzend, flüsterte ich: „Ja, ich liebe dich, ich liebe dich sehr..., aber mehr sage ich jetzt nicht", und lief zurück ins Haus.

II.

Russisches Intermezzo

Gefangen im Internierungslager bei Moskau

5.

Da stand ein Zug auf dem Bahnhof Lichtenberg in Berlin, der eine Anzahl von Ausländern in ihre Heimatländer zurück bringen sollte. Es war ein milder Tag im Mai 1945. Das sowjetische Militär hatte aus verschiedenen Berliner Botschaften und Gesandtschaften Angestellte und andere Personen abgeholt, unter dem Vorwand, sie in die Heimat zurückzuführen. Viele Ausländer waren kurz vor der Eroberung der Hauptstadt in ihre Botschaften geflüchtet. Menschen verschiedener Nationalitäten – Schweden, Italiener, Japaner, Griechen, Bulgaren, Schweizer, Ungarn und Dänen – hatte das Militär nun zunächst in einem von deutschen Bewohnern geräumten Häuserblock eingeschlossen.

Wir, Bandi und ich, wurden von Schöneiche abgeholt. Man hatte uns gewiß laut unserer ungarischen Pässe als Ausländer registriert. Ein Lastwagen fuhr mit zwei bewaffneten russischen Soldaten vor, wir wurden aufgefordert, innerhalb einer Stunde reisefertig zu sein. Budapest sei das Ziel der Reise. Jeder Widerspruch war sinnlos.

Mir wurde fast schwarz vor den Augen. In der Aufregung war ich nicht fähig, die wenigen Sachen, die mir noch geblieben waren, einzupacken. Das erledigte meine Mutter. Nach meinem schmerzlichen Abschied von Mutter und Schwester stiegen wir auf den Lastwagen. Ein ungutes Gefühl überkam mich. Vom startbereiten Lastwagen aus rief ich bei wiedergewonnener Beherrschung meiner Mutter und Schwester letzte Worte zu: „Abends treffen sich unsere Gedanken beim Abendstern am Himmel"

Bandi gab noch schnell die Adresse seiner Eltern im ungarischen Eger an. Dann ging es Richtung Innenstadt, zu dem bereits erwähnten Häuserblock, wo wir die Nacht verbrachten.

Morgens vor sechs wurde an der Tür geklopft, damit wir uns zum Weitertransport bereit machten. Vor unserem zeitigen Aufbruch zum Bahnhof nahm ich mir noch aus der Mietwohnung blindlings ein Buch aus dem Bücherschrank als Reiselektüre mit. Ich merkte mir Namen und Adresse der Wohnungsinhaber, um bei einer Rückkehr das Buch zurückgeben zu können. Ich hatte nicht die Absicht, die Eigentümer zu bestehlen. Ich ahnte nicht, daß meine Rückkehr nach Deutschland endlos lange Jahre auf sich warten lassen sollte.

Das Buch ist noch heute in meinem Besitz, es ist der Roman „Anna Karenina" von Lev Tolstoj.

Die Russen setzten uns in einen miserablen Zug. Zum Teil hatten die Dächer Einschußlöcher, wo es hindurch regnete. Die ca. 300 Personen, meist Ausländer aus den Botschaften, fanden nicht alle Sitzplätze. Wir wunderten uns sehr. Wie sollten denn die verschiedenen Nationalitäten alle im gleichen Zug in ihre Heimatländer transportiert werden?

Dann erhielten wir eine halbe Stunde vor der Abfahrt die Nachricht, die auf unsere Frage eine unheilvolle Antwort gab:

Als Propagandafahrt zuerst nach Moskau!

Auf dem Bahnhof sah ich einen deutschen Mann. In einem vom russischen Militär unbeobachteten Augenblick steckte ich ihm einen Zettel mit der Anschrift meiner Mutter zu und sagte ihm, daß wir statt nach Ungarn zu reisen nach Rußland abtransportiert würden.

Als der Zug sich in Bewegung setzte, hatte ich nur einen Gedanken.

Liebe deutsche Heimat, wann sehe ich dich wieder?

Es sollten achtzehn lange Jahre in der Fremde vergehen, in denen mich das Heimweh viele verzweifelte Momente hat durchleben lassen.

Als wir bei Küstrin über die Oder-Brücke fuhren, war trotz des Erlebnisses der Trümmerstadt Berlin mein Entsetzen unbeschreiblich. Küstrin war die letzte Bastion vor Berlin gewesen. Zwischen Schutt und Asche, verkohlten Ruinen, schlich eine Katze umher und suchte nach Nahrung. Es war das einzige Lebewesen, welches ich erspähen konnte. Zeitweise fuhr der Zug im Schritttempo. Unsere Fahrt dauerte fünf Tage und Nächte, in Begleitung von bewaffneten Soldaten. Unterwegs gab es keine Waschgelegenheit und es mangelte auch sonst an Hygiene, weder die Toiletten noch sonst etwas im Zug wurden geputzt. Auf mancher unbekannten Station gab es eine Schale warme Suppe, aber keinen Löffel dazu. Man mußte sich das Essen in den Mund kippen, den Inhalt der Suppe mit den Fingern herauspulen. Ein Soldat zog plötzlich einen Silberlöffel aus der Brusttasche – ich dachte: bestimmt geklaut! – und schenkte ihn mir. Den Löffel habe ich mir bis heute aufgehoben.

Auf der weiteren Strecke nach Moskau war die Verpflegung ähnlich wie zu Anfang, es gab nur noch zusätzlich ein Stück Brot.

Doch zunächst Ankunft in Warschau.

Wir kamen am Frühnachmittag an. Unser Zug stand auf einem Außengleis, noch weit von der Stadt entfernt. Auch hier im Osten waren die Bahnhöfe durch den Krieg zerstört worden. Aus den Fenstern der Waggons sahen wir auf einen Fußballplatz, dessen Feld von Zuschauern umgeben war. Plötzlich unterbrachen die Spieler den Kampf um den Ball und rannten samt Zuschauern auf den Zug zu.

Irgend jemand muß wohl die Nachricht verbreitet haben, daß sich im Zug Deutsche befanden. Wollten die Polen den Zug erstürmen? Wutentbrannt, Fäuste schwingend raste die Menschenmenge auf die Waggons zu. Die gefährliche Situation erkennend sprangen die russischen Soldaten vom Zug und feuerten heftige Warnschüsse in die Luft. Die Menschenmenge wich entsetzt zurück.

Dies war meine erste Erfahrung, welche Haßgefühle der zerstörerische Krieg bei Menschen in unserem Nachbarland gegen uns Deutsche ausgelöst hatte. Ich sollte aber noch viel schlimmer tatsächlich erfahren, welchen Haß, welche Erniedrigung unschuldige Menschen wegen ihrer bloßen Volkszugehörigkeit oder Abstammung ertragen müssen.

Nach Stunden schleppten wir unser Gepäck auf offene Lastwagen. Wir hingen auf dem hoch bepackten Wagen eng umschlungen, um uns und unsere letzte Habe zu retten.

Die Front war während des Krieges dreimal über die polnische Hauptstadt hinweggegangen, Warschau machte einen grauenhaften Eindruck. Bei Nieselregen und einsetzender Dunkelheit fuhren wir auf Wegen, die zwischen Schutt und Trümmern gebahnt und früher gewiß Straßen waren. Es ging zu den Breitspurgleisen der sowjetischen Eisenbahn.

Mit dem Lastwagen fuhren wir an einer Hausruine vorbei, ein Teil des Hauses stand noch, und ich sah durch die unverhangenen Fenster Menschen tanzen. Eine brennende Glühbirne über den Köpfen der Tanzenden sorgte für Licht im Raum. Der flüchtige Anblick, den mir die Szene gewährte, ließ mich an Geselligkeit mit Tanz und an unbeschwerte Stunden erinnern. Wahrscheinlich hatte man hier nach Kriegsende schon zu bescheidener Normalität zurück gefunden. Dabei schrieben wir erst den 22. Mai.

Die sowjetische Bahn bot ziemlich die gleiche primitive Ausstattung wie die deutschen Waggons. Man war froh, wenn man im Zug sitzend zeitweise schlafen konnte.

Wir passierten Minsk und Smolensk, aber Bahnhöfe sahen wir keine, wahrscheinlich fuhren wir über Außengleise. In der Ferne entdeckte ich Häuser. Die eintönige Landschaft, durch die wir fuhren, trug auch zu dem kargen Wortwechsel der Reisenden bei. Die Gesichter spiegelten die Angst der Ungewissheit wider. Vor unserer Coupétür lag im Gang ein Ehepaar mit einem Baby. Ich bot ihnen wechselweise meinen Sitzplatz an, aber sie lehnten dankend ab, denn im Liegen gab es für sie eher eine Schlafmöglichkeit. Bald sollte ich diese beiden Menschen besser kennen lernen.

Meine Gedanken flogen in die jüngste Vergangenheit zurück, wo ich als umschwärmte Künstlerin eine erfolgreiche Karriere vor mir sah. Sollte dies alles ein Ende haben? Was mochte die anderen, mir unbekannten Mitreisenden bewegen? Alle schwiegen, übermüdet durch schlaflose Nächte. Und an eine Propagandafahrt nach Rußland glaubte längst keiner mehr.

Zeitweise hielt der Zug auf der Strecke. Händlerinnen standen an, um für ihre bäuerlichen Waren ein paar Kopeken zu ergattern. Wir besaßen aber kein russisches Geld. Bevor der Zug anfuhr, ertönte stets ein Heulton, der mich an Schiffssirenen im Stettiner Hafen erinnerte. Ich fragte mich, wo hier überall Häfen in der Nähe seien. Schnell kam ich drauf, daß die russischen Lokomotiven mit diesem Ton die Abfahrt signalisierten. Dieser Schiffssirenenlaut wurde später einmal für uns bedeutend.

Um zehn Uhr morgens trafen wir auf dem „weißrussischen" (beloruski) Bahnhof in Moskau ein. Es war der 25. Mai, und es fiel nasser Schnee. Der Bahnsteig war von Geheimpolizei umstellt. Ich war auf dem Bahnhof, auf dem Tolstoj seine Anna Karenina, im Buch von Petersburg kommend, eintreffen ließ. Wie eigenartig, hatte ich doch meine Ankunft im Buch schon gelesen.

Am Ende des Gleises stand ein hochgewachsener Mann mit zwei Begleitern, der schwedische Botschafter. Er nahm seine Leute in Empfang, sie durften als erste Gruppe den Zug verlassen, um dann ihren Heimtransport anzutreten. Wir baten die Schweden, nach ihrer Heimreise publik zu machen, daß unser Schicksal völlig ungewiß sein könnte.

Auch die etwa 200 Japaner durften weiterreisen, weil die Sowjetunion sich zu dem Zeitpunkt noch nicht im Kriegszustand mit Japan befand.

Endlich setzten sich Omnibusse auch zu unserem Weitertransport in Bewegung. Wohin wir gebracht werden sollten, blieb uns zunächst unklar.
Von Moskau sahen wir kaum etwas. Dann fuhren wir auf Landwegen auf ein Lager zu, das zwischen Moskau und Leningrad, dem heutigen St. Petersburg, lag. In dem Matschschnee und Lehm blieben die Omnibusse stecken. Alle Insassen mußten aussteigen. Ich durfte als Einzige im Bus bleiben, weil ich vor Schwäche kaum noch stehen konnte. Durch das Vor- und Rückrangieren des Busses wurde mir sehr übel. Ein amerikanischer Jeep zog uns dann weiter. Im Lager legte ich mich auf eine Treppe, während die Männer aus einem Schuppen Bettgestelle holten. Wir wurden auf die Zimmer verteilt, je sechs Personen in einen Raum.

Internierungslager „Plania Naia" bei Moskau mit Stalin-Denkmal

Unter uns sechs befand sich auch ein deutscher Offizier, der sich als Baron von Canstein vorstellte und erzählte, daß er den Kessel von Stalingrad überlebt hatte und gefangen genommen wurde. Unser Internierungslager sei erst nachts von gefangenen deutschen Offizieren geräumt worden, unter ihnen Generalfeldmarschall Paulus, so die Aussage des Barons. Das Lager trug den Namen „Plania Naia".

Die anderen Mitbewohner unseres Zimmers waren das Ehepaar Richter, eine Ungarin namens Julika mit ihrem deutschen Ehemann, und eine typische ältere Jungfer, Fräulein Scheel, mit starkem deutschamerikanischem Akzent, die bei jeder unangenehmen Situation lauthals ein „damned" (verdammt) von sich gab. Sie hatte als Botschaftssekretärin viele Jahre in Amerika gelebt, wurde bei Kriegsausbruch zwischen Deutschland und Amerika zurückbeordert und an die schweizer Botschaft versetzt. Dort ereilte sie dann die Verschleppung nach Rußland. Das Ehepaar Richter hatte man mit uns zusammen aus Schöneiche abgeholt. Julika war an der ungarischen Gesandtschaft tätig.

In unserem Zimmer gab es für jede Person ein Bett, später stellte man auch einen Tisch in den Raum. Als Matratze diente ein Strohsack, eine verschlissene Decke als Zudecke. Nachts ließen einen die Wanzen aber kaum schlafen.

Das Gebäude konnte ein Jagdschloß aus der früheren Zarenzeit gewesen sein. In der Mitte eine große Halle, nach beiden Seiten geschwungene Treppenaufgänge zu den verschiedenen Zimmern. Alles befand sich in einem recht verkommenen Zustand. Die Zimmertüren hatten keine Klinken, man stieß mit dem Fuß gegen die Tür, um sie zu öffnen, die sich dann wieder im Rahmen einpendelte. Um das Gebäude herum ein Garten, in dem wir spazieren gehen durften, allerdings war das Gelände mit hohen Zäunen und Wachtürmen umgeben, auf denen schußbereite Soldaten postiert waren. Außerhalb der Umzäunung befand sich die Kommandantur. Der Kommandant ließ uns wissen, daß wir keine Gefangenen seien, sondern Internierte. Es kam mir jedoch verdächtig vor, daß man uns im Zimmer mit einem deutschen Offizier einquartiert hatte und ich übte größte Zurückhaltung, obwohl der Baron ein recht sympathischer Mann war. Hatte er womöglich den Auftrag uns auszuhorchen?

Wir hatten keine Ahnung, warum wir hier festgehalten wurden, wie lange unser Aufenthalt im Lager „Plania Naia" dauern würde, und auf diesbezügliche Fragen erhielten wir auch keine Antwort. Gerüchte gab es laufend, aber das waren Hirngespinste. Ich hatte das Gefühl, langsam fing der Eine und Andere wirklich zu spinnen an. Zeigte sich zum Beispiel ein Flugzeug am Himmel, meinte jemand, es seien vielleicht amerikanische Flugzeuge, die uns suchten. Wie absurd!

Es gab keine Möglichkeit, Nachrichten von außen zu erhalten, man gab uns nichts zu lesen, und so verfielen die ungefähr hundert Insassen des Hauses immer mehr in einen depressiven Zustand. Die Verpflegung war sehr karg. Ein paar Löffel Sauerkrautsuppe ohne Fleisch, schwarzes Brot, aus dem man die Feuchtigkeit ausdrücken konnte, etwas flüssiges Fett. Wir nannten es Affenfett. Sonntags erhielten wir eine Scheibe Weißbrot. Wir magerten reichlich ab. Nach der „Kriegsdiät" in den letzten Monaten in Deutschland sank in Rußland das Körpergewicht in zwei bis drei Wochen um etliche Pfunde weiter. Die schmalen Mahlzeiten nahmen wir in einem primitiven „Speiseraum" ein, wo wir jeweils an Tischen zu viert saßen.

Mit Bandi und mir teilte das Ehepaar mit dem Baby den Tisch. Ich kannte sie schon von der Zugfahrt her. Tief beeindruckt hat mich ihr Lebensweg, der sich während mancher unserer Unterhaltungen offenbarte. Es stellte sich heraus, daß sie gar nicht verheiratet waren. Als Deutsche arbeiteten sie beide an der Schweizer Botschaft in Berlin. Der Mann war Halbjude, und nur als Botschaftsangehöriger entging er einer Deportation durch die Nazis. Welchen Schutz genau ihm die Botschaft gewähren konnte, darüber äußerte er sich nicht. Nun wurden sie von den Russen verschleppt.

Trotz der großen Liebe zueinander haben sie wegen seiner jüdischen Abstammung in Deutschland nicht heiraten können, sie fühlten sich aber und bezeichneten sich auch als Ehepaar. In den Kriegsjahren war es ungewöhnlich, eine eheähnliche Lebensgemeinschaft zu führen, und ohne Trauschein sogar ein gemeinsames Kind zu haben.

Meine Bekanntschaft mit diesem intelligenten, feinfühligen Paar Edith und Ernst Mugdan endete leider in Rußland. Ihr weiteres Schicksal ist unbekannt geblieben. Nach meiner fast zwei Jahrzehnte währenden, erzwungenen Abwesenheit von Deutschland habe ich zwar die Namen der mit mir internierten Personen, so auch den der Mugdans, dem Deutschen Roten Kreuz und bei Suchaktionen bekannt gegeben. In den sechziger Jahren des vergangenen Jahrhunderts suchte man noch immer nach vermißten Deutschen in Rußland. Über den Verbleib des Ehepaars Mugdan gab es bedauerlicher Weise damals und auch später keine Erkenntnisse. Ob sie jemals aus Rußland ausreisen durften, ob sie am Leben geblieben waren, ist ungewiß.

Mit Gewißheit aber und mit tiefen Gefühlen lese ich auch heute, knapp sechs Jahrzehnte später, ihre gemeinsame, handschriftliche Widmung. Sie steht in meinem „Erinnerungsbuch". Das ist eine Art Poesiealbum, in das ich als Abiturientin in Stettin aber nur Tagebuch zu führen begonnen hatte. In Rußland hatte ich es dabei, und so ergab es sich, daß man mir Worte zur Erinnerung da hinein schrieb. Wie durch ein Wunder ist dieses Dokument mir über all die Zeit erhalten geblieben, in dem auch die folgenden Worte stehen:

Was aber eigentlich mir die schmale Kost des gewöhnlichen Umgangs würzte, das waren die guten Gesichter und Gestalten, die noch hie und da die mitleidige Natur, wie Sterne, in unsere Verfinsterung sendet.
Hölderlin, Hyperion
Aus der Zeit gemeinsamer Internierung
Ernst Mugdan
Edith Mugdan

Nachdem „mein" Buch Anna Karenina als einzige Lektüre im Lager von Hand zu Hand gewandert war, kam mir ein Einfall. Man muß die Menschen aus ihrer Lethargie heraus reißen. Ich organisierte einen bunten Abend. Er sollte nicht, wie einst in Buchenwald die Soldaten, sondern die Lagerinsassen erfreuen. Also uns selbst.
So ging ich von Zimmer zu Zimmer und bat jede Volksgruppe, als Beitrag zu dem Abend ein Lied aus ihrer Heimat zu singen.
Unten in der Halle stand ein verstimmter Flügel. Im Lager gab es zwei dänische Musikstudenten von der Berliner Musikhochschule. Der eine spielte auf dem Klavier, der andere hatte seine Geige dabei, so konnten sie den Abend musikalisch gestalten. Als Sängerin und Tänzerin trug ich, mit vielen anderen, zur Unterhaltung bei. Die Frauen unterstützten mich und so gelang es mir, mich unterschiedlich zu kostümieren, um den verschiedenen Gesangs- und Tanzeinlagen Farbe zu verleihen. Bandi machte einen perfekten Conférencier.
Tanzend und singend wirbelte ich durch die Halle. Auch der Lagerkommandant war eingeladen, ihm gefiel der Abend offensichtlich, er

applaudierte eifrig. Die „Julischka aus Budapest" mußte ich sogar dreimal vortragen. Alle waren von dem bunten Abend begeistert.

Doch in der Nacht weinte ich in meinem Bett still vor mich hin.

Von der Bühne weg in die Munitionsfabrik und dann in ein Internierungslager in Rußland! Hoffnungslosigkeit überkam mich. Den Mut darfst du nicht verlieren, sagte ich mir aber schon am Tag darauf. Gleich begann ich Kurse zu organisieren. So gab es dann auf meine Anregung hin Englischunterricht am Vormittag, zu späterer Stunde Gesellschaftstanz und an den trostlosen Abenden lockten Skatrunden oder es wurde mit dem Rest des deutschen Geldes gepokert. So war es möglich, wenigstens kleine Gruppen zu motivieren, und wir vergaßen bei leichten Unterhaltungen fast den Hunger.

Als Abschluß an manchen Abenden baten mich die Internierten um ein paar Lieder und erfreuten sich an dem Ständchen in der Halle, bei dem mich der Däne Robert Gerlach auf der Geige begleitete. Eines der Lieder, das die Mitgefangenen am liebsten hörten, war das Wiegenlied von Franz Schubert. Als Erinnerung an die Abendständchen schrieb mir nach Monaten des Lagerlebens der begabte Violinkünstler einige Worte in mein Tagebuch:

Wenn Sie später diese Zeilen lesen, so denken Sie an den Mann, dem es beschieden war, Sie zu Ihrer glockenreinen Stimme mit dem Schubert'schen Wiegenlied auf der Geige zu begleiten.
Moskau, 27. Aug. 1945
Carl-Rob. Gerlach

Außer meinem kleinen „Erinnerungsbuch" besaßen wir im Lager kein Schreibpapier, auch der Englischunterricht mußte ohne schriftliche Aufzeichnungen erfolgen.

Aber die papierlose Zeit sollte sich bald ändern. Man lieferte uns Papierbögen, auf denen wir unseren Lebenslauf aufzeichnen sollten. Wir wurden auch gebeten, Briefe an unsere Angehörigen zu schreiben. Wie es sich viel später herausgestellt hat, haben sie die Briefe nie erhalten.

In mir erwachte wieder ein großes Mißtrauen. Man hatte uns doch schon alle ausführlich auf der Kommandantur verhört. Die gezielten Fragen nach der beruflichen Tätigkeit, nach Besitz- oder Reichtum, zum Beispiel Haus oder Ländereien, nach der Schulausbildung usw.

waren unüberhörbar gewesen. Man erkannte schnell, daß gebildete oder begüterte Menschen diesem Kommunismus ein Dorn im Auge waren.

Ich verfaßte einen recht einfachen Lebenslauf, in dem ich meine schulische und berufliche Ausbildung vereinfachte. Über meine Eltern konnte ich recht offen schreiben, sie waren gewiß keine Kapitalisten.

Dann lernte ich das Geschriebene Wort für Wort auswendig. Bald stellte sich heraus, wie gut ich mit meiner Idee lag. Denn nach Abgabe des Lebenslaufes wurde eine Woche später das Gleiche wieder verlangt. Offensichtlich sollte man sich widersprechen.

Mit leichten Satzveränderungen, aber dem Sinn nach identisch, gab ich nochmals die dreiundzwanzig Jahre meines Lebens zu Papier. Den Wortlaut wußte ich auch viele Jahre später noch auswendig.

Für viele Lagerinsassen wurden die Verhöre ab diesem Zeitpunkt intensiviert, fanden immer häufiger statt, besonders nachts. Auch ich mußte wieder zum Verhör. Paß mitbringen, lautete der Befehl. Bandi warf mir noch schnell einen Satz zu.

„Laß dir nicht den Paß abnehmen!"

„Wir müssen Ihren Paß nach Moskau zur Überprüfung schicken", erklärte mir mit jovialem Lächeln der Kommandant während des Verhörs, das im Beisein eines Dolmetschers durchgeführt wurde.

Ich weigerte mich, den Paß abzugeben und gab zur Begründung an, er sei das einzige Dokument, um mich in der Fremde auszuweisen.

„Aber ein russischer Offizier gibt doch sein Ehrenwort für die Rückgabe! Oder glauben sie dem etwa nicht?", musterte mich der Kommandant.

„Nein", sagte ich energisch, „der Paß ist mein Eigentum, und Sie haben ihn eingesehen!"

Da warf der Lagerkommandant vor Wut den Paß auf den Tisch vor mich hin. Plötzlich schlug er einen anderen Ton an. Er fragte, ob ich nicht bereit wäre, in der Sowjetunion zu bleiben und im Moskauer Ballett eine Stellung anzunehmen.

„Ich bleibe bei meinem Mann", erwiderte ich.

Vielleicht wäre ich in Sibirien gelandet, wie es manchen unter den Internierten beschieden war. Das sind authentische Aussagen.

Den Paß hätte ich niemals zurückbekommen. Was wäre ich ohne ihn gewesen?

Wie zermürbt mancher Mensch durch die Verhöre gewesen sein mag, bezeugt die Tatsache, daß während unseres Aufenthalts sich einer der Internierten in „Plania Naia" erhängte. Über den Inhalt der Verhöre ließ niemand auch nur ein Wort fallen, wir alle schweigen über den Verlauf und die Fragen. Denn in dieser Beziehung hatten wir im Lager kein Vertrauen zueinander. Jeder konnte ein Spitzel sein oder zu einem solchen umgedreht worden sein.

Es mußten harte, erregende, nervenzerreibende Verhöre stattgefunden haben, von denen aber nur die Gesichter der Menschen erzählten, in die ich blickte, nachdem sie von der Kommandantur zurück waren. Mit geröteten Augen und einem verwirrten Gesichtsausdruck betraten viele in Begleitung eines Soldaten das Lager wieder.

Erschrocken zuckte ich jedes Mal bei solch einem Anblick zusammen. Was ging hier eigentlich vor?

Woche um Woche verstrich, eine Frage quälte uns fast täglich: Wie lange noch? Es war die zermürbende Ungewißheit der Gefangenschaft, die uns Tag und Nacht nicht zur Ruhe kommen ließ, die unterschwellig an Nerven und Seele zehrte. Jeder rechtmäßig Verurteilte kennt den Zeitpunkt seines Haftendes.

Und wir, die unschuldig Verschleppten?

Über unser Schicksal entschied weder ein Richter noch stand uns ein Anwalt als Verteidiger zur Seite. Sollten wir für immer unser Dasein in diesem erbärmlichen Lager, in diesem Land verbringen?

Die mangelhafte, vitaminarme Ernährung rief bei vielen Leuten Hautekzeme hervor. Bei mir entzündete sich leider meine ganze linke Gesichtshälfte. Von einer russischen Ärztin wurde ich mit einer lila Tinktur behandelt, auf die eine gelbe Salbe aufgetragen wurde. Die „Soße" tropfte ständig auf meine Brust, ich mußte meine Kleidung mit einem Tuch abdecken. In mir kroch die fürchterliche Frage hoch, ob ich jemals mein hübsches Aussehen zurückerlangen würde?

Die Ärztin sprach ein hervorragendes Deutsch und zeigte sich recht freundlich uns Internierten gegenüber. Von Zeit zu Zeit untersuchte sie alle Lagerinsassen auf ihren Gesundheitszustand in der Kommandantur. Einmal war sie verärgert über mich, weil ich die Untersuchung verweigerte. Man würde mich gewaltsam holen, ließ sie mir ausrichten.

Hier herrschte unbedingter Gehorsam, dem meine Widerspenstigkeit zwangsläufig unterliegen mußte. Im Stillen aber fragte ich mich, was sie eigentlich prüfen sollte. Etwa ob wir als arbeitsfähige Menschen für den „Aufbau des Sozialismus" in der Sowjetunion eingesetzt werden konnten?!

Inzwischen war es Sommer geworden, ein warmer russischer Sommer. Eines Tages lief der Lagerkommandant in Begleitung seines Dolmetschers wortkarg durch das Gebäude, und ich trat auf ihn zu:

„Warum haben wir nicht das Recht, außerhalb des Geländes einen Spaziergang machen zu dürfen?", fragte ich und ergänzte die Frage mit einer Klage. „Schließlich sind wir angeblich keine Häftlinge!"

Die umstehenden Lagerbewohner fanden mein resolutes Auftreten sehr gewagt aber auch mutig. Darauf könne er mir keine Antwort erteilen, war sein kurz angebundenes Argument. Doch plötzlich, nach kurzer Zeit, hieß es, wir könnten in kleinen Gruppen und unter Aufsicht das Lager für zwei Stunden verlassen.

Welche Erlösung!

In der nächsten Umgebung gab es Himbeersträucher. Und es gab, wir trauten unseren Augen kaum, Felder mit Kartoffeln. Richtige Kartoffelfelder!

Da nahm die Klauerei ihren Anfang. Die Aufsicht konnte natürlich nicht alle Personen im Auge behalten. Die Hosentaschen der Männer wurden so dick , als hätten sie plötzlich einen aufgeblasenen Hintern bekommen.

Auf dem Hof des Lagers lagen beim Müll leere Konservendosen. Man hatte auch Draht gefunden. Die Dosen wurden mit Lehmerde gefüllt, der Draht in Spiralen eingelegt und Strom aus der Steckdose hineingeführt. Unglaublich! Wir hatten einen elektrischen Kocher.

Die ersten Pellkartoffeln empfanden wir als köstlichen Gaumenschmaus. So gab es zeitweise Kartoffel zu essen. Ich gelobte, bezüglich des Essens nie mehr im Leben wählerisch zu sein, und daran habe ich mich auch stets gehalten.

Wenn der Mensch von morgens bis abends keine Aufgabe hat, dann wird er zeitweilig erfinderisch. Wir mußten die Zeit regelrecht totschlagen. Einige Männer schnitzten zum Zeitvertreib aus dem lagernden Birkenholz hinter dem Haus Sandalensohlen. Mittels einer Glasscherbe brannten sie mit dem Sonnenlicht hübsche Muster an den Sohlenrand. Wir Frauen schnitten aus den verbliebenen Handtüchern oder aus Kleidungsresten Streifen für die Oberteile der Sohlen. Bald latschten fast alle Frauen klappernd im Haus umher. Der typisch weibliche Modesinn nach Neuem war bei uns also noch nicht verloren gegangen. (Im Krieg erhielt man auf Bezugsschein ein Paar Schuhe pro Jahr.)

Es gab unter den Internierten ausgesprochen angenehme Kontakte. Unserem Zimmer gegenüber wohnte mit seinen Landsleuten der dänische Konsul Erik Munch Andersen.

Ein aufgeschlossener gradliniger Diplomat, den ich sehr schätzte. Sogar fast zwei Jahrzehnte später, als ich endlich in den Westen zurück kehren durfte, gab er eine positive schriftliche Aussage über meinen Mann und mich für eine Behörde ab. Er war damals Konsul in Hamburg.

Der Sommer endete viel zu schnell, und der Gesprächsstoff unter uns Internierten wurde immer spärlicher. Allein die Berichte des Barons von Canstein über die Schlacht bei Stalingrad fesselten immer mal wieder mein Interesse. Zum ersten Mal hörte ich aus dem Munde eines Offiziers von den Qualen und Todesängsten der Soldaten. Er schilderte sehr eindringlich das Grauen der Eingeschlossenen in dem Kessel von Stalingrad. Im Sand des Gartenweges zeichnete er mir den Verlauf der Einkesselung auf. Wortreich beschrieb er den verzweifelten, heroischen und doch so sinnlosen Kampf der jungen deutschen Soldaten, die hilflos ihr Leben für einen Diktator opfern mußten. Ich dachte an die Worte des Intendanten in Guben zurück. Du lebst, sagte er damals, als unser Theater geschlossen wurde. Ja, am Leben war ich, doch wie viele Jahre hatte dieser Krieg mir schon geraubt, wie viele würden die Kriegsfolgen mir noch nehmen?

Baron von Canstein erzählte auch, daß er in Westdeutschland ein größeres Anwesen besäße und vom Schicksal seiner Familie nichts wüßte. Ich hörte ihm gerne zu. Wahrscheinlich war er froh, sich überhaupt jemandem im Lager mitteilen zu können. Meinerseits blieb ich zurückhaltend, erzählte von meiner Person wenig.

Neben unserem Lager befand sich ein Kriegsgefangenenlager, wo Tschechen, Ungarn und ein paar Deutsche untergebracht waren. In das gesamte Gefangenenlager hatten wir keinen Einblick. Doch gab es dort eine Waschküche, wo wir einmal wöchentlich unsere anfallende Wäsche waschen konnten. Als Lauge diente überbrühte Holzkohle, die ein ganz weiches Wasser abgab. Seife erhielten wir nicht.

In dieser Waschküche wuschen auch vier Gefangene. Von ihnen erfuhr ich, daß sie nur Suppe bekamen, überhaupt kein Brot.

Wenn alle zwei Wochen ein Kinoabend stattfand, bei dem fortlaufend Filme über die siegreiche sowjetische Armee gezeigt wurden, durften die Kriegsgefangenen unter strenger Aufsicht an der Filmvorführung teilnehmen. Sie saßen separat von uns Internierten, ein Wortwechsel war somit ausgeschlossen, aber auch streng untersagt. Im ganzen Gebäude standen Wachposten.

Nachdem wir das nasse schwarze Brot auf unserem „Kocher" rösten konnten, sammelte ich von unserer spärlichen Ration Brotstücke zusammen. Wenn die Kriegsgefangenen durch den schwach erleuchteten Gang an unseren Zimmern vorbeikamen, drückte ich ihnen kleine Brotstücke in die Hand. Es war ein gefährliches Unterfangen, ich mußte stets auf der Hut sein, daß kein Wachposten auf mein Tun aufmerksam wurde.

Diese Aktion brachte mir den Beinamen „Engel von Plania Naia" ein.

Eines Tages eilte die Nachricht durch das Lager, die dänische Gruppe dürfe abreisen. Welch ein Lichtblick! Gefühle der Erleichterung, der Trauer und der Ungewißheit wechselten einander ab. Es gab ein kurzes Abschiednehmen von den Abreisenden. Wir umarmten uns vor Freude, wenngleich wir Zurückbleibenden weiterhin um unser Schicksal bangten. Tage, Wochen, Monate hatten wir mit der gleichen Hoffnung ein gemeinsames Ziel herbeigesehnt, die Rückkehr in die Heimat.

Als mich eine hochschwangere junge Frau aus der dänischen Gruppe beim Abschied umarmte, als sich unsere Augen trafen, liefen ihr Tränen über die Wangen.

„Danke für Ihre Fröhlichkeit und die tröstenden Worte", flüsterte sie mir ins Ohr. „Woher nehmen Sie nur die Kraft, die Sie uns zuteil werden ließen?"

„Aus meinem Glauben", antwortete ich schlicht.

Manchmal hatte ich die junge Frau getroffen, wenn sie verzagt auf einer Gartenbank saß. Als sie schon schwanger ins Lager kam, wußte niemand von uns, wie lange dieser Aufenthalt dauern würde. Mit jedem Monat näher an den Geburtstermin wurde die Frau verzweifelter.

„Lieber möchte ich sterben, als in diesem elenden Land mein Kind zur Welt zu bringen", sagte sie manchmal zu mir.

Sie durfte nun abreisen. Allein stand ich am Tor und winkte mit einem Tuch dem sich entfernenden Bus nach. Ging dann zum Haus zurück, eine Frage steigerte sich zur bitteren Erkenntnis in mir: Welche unergründlichen Menschenrechte herrschen in diesem kommunistischen Land? Welche haben hier überhaupt eine Gültigkeit?

Wieder einmal befand ich mich in den Klauen eines grausamen, erbarmungslosen Diktators. Dieses Mal hieß er Josef Stalin.

Aber unbeugsam siegte in mir dennoch die Kraft, auch in dieser Phase meines Lebens den Glauben und die Hoffnung an eine gute Zukunft nicht zu verlieren. Davon erzählen auch die Worte von Julika, die an der ungarischen Gesandtschaft in Berlin tätig war und im Lager mit mir das Zimmer teilte. Am 12. August 1945 schrieb sie in mein „Erinnerungsbuch":

Immer werde ich mich an die Zeit erinnern, die wir gemeinsam in einem Internierungslager gegen unseren Willen verbrachten. Mit bewunderungswürdigem Mut und Fröhlichkeit haben Sie Ihr nicht leichtes Schicksal ertragen, Ihren Frohsinn, die Hoffnung auf eine bessere Zukunft nicht verlierend.

Wie oft war ich über die Traurigkeit meiner Lage verzweifelt und dann hatten Sie immer ein liebes, tröstendes Wort, welches zukunftsweisend Vertrauen erneut in mein trauriges Herz flößte.

Auch im Namen meines Mannes wünschen wir Ihnen, liebe Kleine, daß Ihr starkes Herz, welches so an das meine gewachsen ist, niemals enttäuscht werden möge und alle Pläne, die Sie hier in unserer Gegenwart in einem fremden Land für ein neues Leben knüpfen, sich verwirklichen mögen.

Gottes Segen begleite Sie durch Ihr ganzes Leben und vergessen Sie nicht die mit viel Liebe an Sie denkende
Julika

Vergessen habe ich die ungarische Julika und ihren deutschen Ehemann nicht. Noch nach Jahren in Ungarn ging ich ihrem Schicksal nach. Ich konnte aber nie etwas über ihren Verbleib erfahren, auch dieses Ehepaar blieb verschollen.

Anfang Oktober fing es an zu schneien. Die Fenster im Haus wurden zugekittet, nur eine kleine Luke blieb zum Lüften öffnungsfähig. Der frühzeitige Abend war sternenklar und eisig kalt. Im verschneiten Lagergarten konnte ich mich nur für kurze Zeit aufhalten, da mir nur Sommerschuhe und sommerliche Garderobe geblieben waren. Meine Gedanken kreisten um die Heimat, um die Ungewißheit meiner Angehörigen. Wo mochten sie geblieben sein, welche Sorge quälte sie um meine Verschleppung?

Sehr intensiv habe ich in den frostigen Sternenhimmel meine Gebete gesandt. Vielleicht wurden sie erhört, denn Ende Oktober hieß es, die Ungarn, Italiener und Bulgaren dürfen heim reisen.

Ich erklärte, daß ich weder einen warmen Mantel noch Schuhe besäße und erhielt einen langen Soldatenmantel aus grauem Filz und knöchelhohe harte schwarze Soldatenschuhe. Mit diesem „Aufzug" sollte ich später noch für Schrecken sorgen.

Wir wurden in der Kommandantur verabschiedet. Es hat mich berührt, als der Kommandant in humanen Tönen lobend über mein Verhalten und meinen aufrechten Mut zu mir sprach. Auch Baron von Canstein bedankte sich bei unserem Abschied für meine Kameradschaft.

Wie ich schon erwähnte, konnte ich über das weitere Schicksal der anderen Zimmerbewohner trotz großer späterer Bemühungen nichts erfahren. Ebenfalls sind viele andere Lagerinsassen, die ich in den Monaten kennen gelernt hatte, für immer verschollen geblieben.

Bis heute stellt sich mir die Schicksalsfrage, welche Schritte über den weiteren Lebensweg entscheiden. Die Ungarin Julika war legal mit einem Deutschen verheiratet. So blieb sie im Lager zurück, das Weitere ist ungewiß. Ich aber durfte abreisen, obwohl eine Deutsche, die nur auf dem Papier mit einem Ungarn verheiratet war.

Bei morgendlicher Dunkelheit fuhren wir zum Moskauer Bahnhof, der von Menschen überfüllt war. Ein großer Teil der Männer ging an Krücken, mit denen sie sich fast gewalttätig einen Weg zu den Waggons bahnten. Für uns hatten Soldaten drei Viehwaggons freigehalten, in denen wir nach Odessa am Schwarzen Meer reisten.

Der Zug war sehr lang und fuhr zeitweise nur im Schritttempo. Man konnte sogar neben ihm herlaufen. Wir schliefen auf Stroh und in unserer Kleidung. Die Toilettenangelegenheit war problematisch, besonders für uns Frauen. Hielt der Zug auf offener Strecke, stürzten wir uns hinaus und liefen hinter den letzten Waggon. Wenn der bekannte Schiffsheulton ertönte, zogen uns die Männer auf die hohe Öffnung des Viehwaggons hinauf.

Über den Dnjepr, mit seinem etwa vier Kilometer breiten Flußbett stotterte der Zug über eine Hilfsbrücke. Es war der breiteste Fluß, den ich jemals im Leben gesehen habe. Die eigentliche Brücke war im Krieg zerstört worden. Das Flußbett war trotz der spätherbstlichen Jahreszeit nicht ganz mit Wasser gefüllt. Schmale Landstriche und kleine Inseln tauchten auf, wurden von der hoch gelegenen Brücke aus gut sichtbar.

Das sonnige Wetter veranlaßte die Männer, aus dem Waggon zu springen und neben dem äußerst langsam fahrenden Zug daher zu spazieren. Eine weitläufige Ebene breitete sich entlang des Flusses aus. Es wird eine fruchtbare Gegend gewesen sein. Die jetzt eintönige, endlose Flußlandschaft löste in mir die Erinnerung an russische Volkslieder aus, die manchmal schwermütig die russische Heimat besingen. Aus meiner frühen Jugend kannte ich die Lieder. In Stettin, wo ich mit meinen Eltern regelmäßig kulturelle Veranstaltungen besucht hatte, gastierten damals auch die bekannten Kosakenchöre.

Auf dem Odessaer Bahnhof warteten wir auf unsere Busse, die uns in ein Übergangslager am Schwarzen Meer bringen sollten. Am Bahnhof gab es einen Stand mit kleinen gebackenen Kuchen. Wir hatten auf den Märkten längs der Bahnschienen beim Halt des Zuges einige Kleidungsstücke verkauft und so ein paar Rubel erworben. Ein Bulgare, der russisch sprach, half mir jetzt beim Einkauf eines Gebäcks. Die Händlerin redete fortlaufend auf mich ein und begriff nicht, daß ich kein Russisch verstand. Es blieb ihr scheinbar unverständlich, daß es auch andere Sprachen auf der Welt gibt.

Im neuen Lager angekommen merkten wir gleich, hier herrschte viel mehr Leben und Treiben unter den spanischen Gefangenen, als wir es aus dem Internierungslager gewohnt waren. Die alteingesessenen Lagerbewohner hielt man seit sechs Jahren fest, sie kämpften davor im spanischen Bürgerkrieg. Abends tanzten sie auf einer Terrasse zum Schifferklavier, sich innig küssend, Mann mit Mann. In der langen Zeit der Gefangenschaft waren sie schwul geworden.

Wir wohnten im großen Haus des Lagers in der zweiten Etage, im ersten Stock waren die Spanier untergebracht. Zu viert teilten wir uns ein Zimmer, es war so schmal, daß außer den vier Betten nur ein minimaler Durchgang zu einem Balkon blieb. Bandi, zwei Dänen und ich teilten den Raum, in dem ich in einem Kinderbett nur mit angezogenen Beinen schlafen konnte.

Die beiden Dänen hatte man bei der Abreise der dänischen Gruppe aus „Plania Naia" zurückbehalten, sie warteten nun hier in Odessa auf ihre Heimreise. Mit Christian Gulmann hatte ich noch im Lager bei Moskau oft Skat gespielt und bei seinem Englischunterricht mitgewirkt. Bei einem Spaziergang außerhalb des Odessaer Lagers, während einer Unterhaltung über meinen Aufenthalt in Weimar, verriet er mir, daß er während des Krieges im Konzentrationslager Buchenwald bei Weimar gewesen war. Ich reagierte mit großem Erstaunen. Besonders überraschte mich seine Ausführung, daß er dort als einfacher Handwerker für einen Geheimdienst die dortigen Verhältnisse ausspioniert hatte, obwohl er von Beruf Jurist war. Über seine Erkenntnisse Buchenwald betreffend hat er mir nichts erzählen wollen. Sein Schweigen hätte ich auch nicht durch gezielte Fragen lösen können, da ich zu jener Zeit keine Ahnung hatte, was in dem von mir besuchten Lager vor sich gegangen war.

Im November herrschte auch am Schwarzen Meer nachts Kälte, und eine Heizung war im Haus nicht vorhanden. Für meine Zimmerbewohner gab es eine weitere Unpäßlichkeit, wenn einer nachts raus mußte. An den Spaniern wollte keiner von ihnen vorbei. Sie hatten dann aber auf dem Balkon in der Regenrinne ein Loch entdeckt, in das man hinein pinkeln konnte. Toiletten gab es ohnehin keine, sondern nur im Hof eine Grube, über die Bretter gelegt waren. Davor war aus Stroh ein Sichtschutz errichtet. Doch von unserem Balkon aus konnte man tagsüber sehen, wer womit zugange war.

Als Waschmöglichkeit erhielten wir einen Eimer pro Zimmer, womit wir aus einem Brunnen Wasser ziehen konnten. Nachdem der eine Däne den Eimer im Brunnen „versenkt" hatte und es keinen Ersatz gab, blieb mir nur die Möglichkeit, mich aus einer gefundenen Blechdose mit geborgtem Wasser zu waschen. Seife kannten wir seit Monaten nicht mehr.

Abseits von normalen Verhältnissen fand man oft einen Ausweg. Schnell hatten wir erkannt, daß wir hier nicht unter strenger Aufsicht standen und hatten entdeckt, daß aus der uns umgebenden Mauer Steine fehlten. Da halfen wir noch nach und konnten mit einiger Kletterei die Mauer überwinden. Somit verbesserte sich tagsüber auch die Toilettenangelegenheit.

Uns umgab ein kleines Dorf, anschließend folgte das Meer. Den Fischern erzählten wir dank Bandis geringen Russischkenntnissen, daß wir durchreisende Amerikaner seien. Das glaubten sie uns aufs Wort. Wir verschenkten Kleidungsstücke, und im Tausch für Kleider bereitete uns eine Fischersfrau sogar ein köstliches Fischessen. Nudelgerichte erfreuten uns auch im Lager. Langsam heilte meine wunde Gesichtshälfte ab, es bildete sich eine rosige Haut. Später waren nur noch die Konturen des schweren Ekzems sichtbar.

Nach zwei Wochen Aufenthalt verließen Bandi und ich Odessa Richtung Rumänien, wir reisten wieder im Viehwaggon, gemeinsam mit Italienern. Es begleiteten uns ein russischer Offizier und eine Krankenschwester. Der Waggon hatte einen kleinen Eisenofen, aber es gab wenig Feuerungsmaterial. In den Nächten, in denen wir über die Ostkarpaten fuhren, war es bitter kalt. Bandi klagte über starke Ischiasschmerzen. Man bibberte nachts im Stroh. Auf einer Station entdeckten die Männer Holzscheite, die sie geschickt entwendeten. Somit hatten wir es etwas wärmer.

Auf einer größeren Station sah ich zwischen zwei Holzschuppen eine günstige Gelegenheit, der Verdauung freien Lauf zu lassen. Während ich meine Hosen schon wieder zuknöpfte, ertönte hinter mir eine scharfe Stimme.

„Stoi!" (Halt!)

Ein bewaffneter Soldat packte mich und wollte mich mit Gewalt fortziehen. Ich schrie aus Leibeskräften um Hilfe. Ich sah noch, wie die Männer aus den Waggons sprangen und über die Schienen rannten. Da schlug der Soldat mit dem Gewehrkolben auf meinen Kopf. Mir tropfte das Blut auf die Schulter. Auch der uns begleitende russische Offizier war herbei geeilt. Er wechselte einige Worte mit dem Soldaten. Bandi brachte mich zurück zum Zug.

Die Krankenschwester verband meine Platzwunde. Nachdem ich den ersten Schock überwunden hatte, konnte ich, wie so oft, meine Voreiligkeit nicht zügeln.

„Pfui Ruski!", schimpfte ich.

„Njet pfui", antwortete darauf wesentlich lauter die Krankenschwester, „Ruski choroscho".

Einer der Italiener, der russisch sprach, erklärte uns, daß der von mir „ausgewählte" Schuppen ein Munitions- und Waffenlager der Russen gewesen war. Die Wachen hätten sogar den Befehl gehabt, auf sich nähernde Personen zu schießen. Aber, so meinte ich, es konnte doch jeder zweifelsohne erkennen, was mich zu der Stelle geführt hatte. Als der Soldat mich mit aller Gewalt fest hielt und fortzerren wollte, sah ich in meiner Panik schon den Zug ohne mich abfahren. Was wäre mit mir passiert? Solche Gedanken begleiteten mich auf der Weiterfahrt. Im Nachhinein wunderte ich mich über meine Fähigkeit, auch in größter Gefahr um Hilfe schreien zu können.

So endet meine Erinnerung an das von Russen besetzte Rumänien.

Der erwähnte Italiener, ein Arzt aus Turin, hatte noch im Lager „Pania Naia" mein Büchlein mit folgenden Zeilen bereichert:

Vielleicht ist ein Kriegsgefangener mit seiner unendlichen Sehnsucht nach der Heimat, nach seiner Familie und seinen Freunden mehr denn je in der Lage, das unendliche Glück zu begreifen, in der Gefangenschaft einer in ihrer Anmut einmaligen Künstlerin begegnet zu sein und mit ihr einen Teil seines Lebens verbracht und geteilt zu haben.

Tano Caprino

Im Morgengrauen erreichten wir in Arad die ungarische Grenze. Was wird mich nun in diesem Land erwarten? Endlich ein freiheitliches Leben? Bandi hatte mir oft liebevoll über Städte und Landschaften seiner Heimat erzählt, die Herzlichkeit der Menschen in Ungarn geschildert. Spannende Neugier erwachte plötzlich in mir bei dem Gedanken, ein fremdes Land kennen zulernen. Als nun freier Mensch wollte ich mich im Ausland umschauen, mich sogleich nach meiner Familie erkundigen und bald wieder in meine Heimat zurückkehren, um meine künstlerische Karriere auf der Bühne weiter zu verfolgen.

Ich schob die Tür des Viehwaggons einen Spalt auf, schaute in eine nebelverhangene Ebene. Für die anderen unhörbar murmelte ich von mich hin.

„Ich grüße dich, Ungarn."

III.

Liebe und Haß hinter dem Eisernen Vorhang

Leben in Ungarn unter kommunistischer Diktatur

6.

Die Zeit der Ausgrenzung freiheitlicher Entwicklung der Menschen im Faschismus gehörte der Vergangenheit an. Die Monate in der Unfreiheit, des Abgeschlossenseins von der Umwelt in einem Internierungslager in der Sowjetunion waren überwunden. Die Freiheit eines Menschen, mein Leben, hätte an Sinn wieder gewinnen können.

Doch Diktaturen sind nicht in der Lage, mit freiheitlichen Bedürfnissen umzugehen. Sie brauchen den gewaltsamen Druck auf ihre Bevölkerung und verdrängen die humanen Aspekte. Eine Diktatur zeigt stets das gleiche Gesicht, ungeachtet ihrer Ideologie, ob mit faschistoiden oder kommunistischen Tendenzen. Ihre Umstände bedeuten und bringen Einengung und Druck auf den Einzelnen wie auf die Masse.

Unerschöpfliche Möglichkeiten schenkt die Freiheit dem Leben des Individuums zur Entfaltung der Persönlichkeit. Wenngleich auch sie, die Freiheit, Begrenzungen unterliegt. Auch die demokratische Gesellschaftsordnung setzt mit ihren humanen Gesetzen Akzente, an die der Mensch gebunden ist, sich anpassen muß, doch kann er in der Demokratie weitgehend seine freie Entwicklung verwirklichen.

Meine Grußworte, die ich an der Grenze zu Ungarn diesem Land zuflüsterte, sollten einem ungebundenen, wechselhaften Aufenthalt in einem mir noch fremden Land gelten, das ich glaubte, je nach Wunsch wieder verlassen zu können. Aber in Ungarn wartete zunächst eine in vielen Aspekten ganz ähnliche Diktatur auf mich, wie ich sie in den letzten Jahren schon erlebt hatte. Hier mit hermetisch abgeriegelten Grenzen. Ein Verlassen des Landes, eine Ausreise war nicht möglich. Schon nach kurzer Zeit in Ungarn mußte ich erkennen, daß man mich erneut in einem „großen Lager" gefangen hielt.

Welcher war nun der entscheidende Schritt in meinem Leben, aus dem sich in Folge alle weiteren Schritte zwangsläufig ergeben sollten? Der künstlerische Wechsel von Weimar nach Guben? Die Begegnung mit einem Menschen, dessen Liebe mich in seinen Bann zog? Der schützende Paß, der eine Verschleppung nach Rußland zur Folge hatte? Der Weitertransport nach Ungarn?

Selbst gewählte oder stets ungewollte, mir oft sogar aufgezwungene Schritte? Sie haben fast zwei Jahrzehnte mein Schicksal bestimmt.

Bevor wir Budapest erreichten, setzte man uns auf einer Station in einen normalen Zug um. Wahrscheinlich sollte unser Transport nicht so schäbig erscheinen. In den frühen Morgenstunden trafen wir in der Hauptstadt Ungarns ein. Der russische Offizier ließ uns wissen, er würde uns um neun Uhr morgens den Behörden übergeben. Bis dahin blieb noch soviel Zeit, zu der Wohnung von Bandi zu gelangen, die in der Nähe des Bahnhofs lag. Dort besaß er eine Eigentumswohnung, die er sogleich kurz aufsuchen wollte. Er läutete die Hausmeisterin im Parterre heraus, sie freute sich trotz der frühen Stunde über das Wiedersehen. Allerdings eröffnete sie ihm gleich, die Wohnung sei von anderen Bewohnern besetzt worden. Dann ging sie mit uns sofort hinauf und klingelte.

Ein recht einfacher Mann öffnete die Tür. Die Hausmeisterin erklärte, Bandi sei der Eigentümer der Wohnung. Darauf folgte ein kurzer, heftiger Wortwechsel, den ich zwar aus Unkenntnis der ungarischen Sprache nicht verstand, der aber beinhaltete, daß eine Rückgabe der Wohnung nicht erfolgen würde. Und sollte es doch so kommen, daß der Mann aus der Wohnung müsse, zerhacke er die Möbel sofort zu Kleinholz. Dann flog die Tür mit Krach ins Schloß.

Der Mann war ein Erzkommunist und diese Menschen verfügten mittlerweile über großen Einfluß in Ungarn. Seine Wohnung hat Bandi tatsächlich nie mehr betreten dürfen und hat auch seine komfortable Einrichtung nicht mehr wiedergesehen.

Wir gingen zum Bahnhof zurück und wurden dort einer ungarischen Kommission übergeben. Man erklärte uns, Bandi müsse zwecks einer Legitimation zu einer Überprüfung der aus dem Ausland eingetroffenen Ungarn. Mein Erscheinen sei nicht erforderlich, wurde mir bedeutet. Aber wohin mit mir? Von Verwandten in Budapest hatte Bandi seit der Eroberung der Stadt durch die Russen keine Nachricht mehr erhalten. Ob sie lebten, ausgebombt waren oder wo sie sich gegebenenfalls aufhalten konnten, wußte er nicht. So gelangte ich zurück zur Hausmeisterin. Sie war bereit, mich gegen ein kleines Entgelt aufzunehmen. Bandi wurde von zwei Sicherheitsbeamten abgeholt. Man brachte ihn ins Gefängnis in der Andrásy Straße. Das Gefängnis „Andrásy út 60" war keine gewöhnliche Haftanstalt, sondern das berüchtigte Haus, wo die politischen Gefangenen zu Verhören hingebracht und dort oft gefoltert wurden. Noch viele Jahre nach seiner Auflösung hat man im nachkommunistischen Ungarn ausländische Touristen bei Rundfahrten auf dieses einst menschenunwürdige politische Gefängnis aufmerksam gemacht.

Die Hausmeisterin konnte kein Wort deutsch, so wie ich kein ungarisch. Nur ein kleines Wörterbuch verhalf uns zu minimaler Verständigung. Die Inflation im Land galoppierte in hohem Maße, aber Geld besaß ich ohnehin nicht. Die Geldscheine wechselten fast von Tag zu Tag, was zuvor noch ein paar Pengö kostete – die damalige Währung in Ungarn – rechnete man nun schon in Millionen. Bandis nicht geringe Ersparnisse hatten bei unserer Ankunft den Wert einer Straßenbahnfahrkarte.

Innerhalb von zwei Tagen klappte die Verständigung soweit, daß die Hausmeisterin mir erklären konnte, wo sich Bandi befand. Sie erklärte mir, wie ich zu Fuß dorthin finden würde. In meinem russischen Soldatenmantel und den halbhohen Stiefeln machte ich mich auf den Weg. Zum Teil half man mir in deutscher Sprache weiter. Andere Personen ließen mich mit verächtlichem Blick stehen. In Ungarn und speziell in Budapest sprachen zwar viele Menschen deutsch, aber der unselige Krieg, der über das Land hinweg gerollt war, hatte große Aversionen gegenüber beide Seiten, den Deutschen sowie den Russen aufflammen lassen. Meine äußere Kluft und dazu die deutsche Sprache erzeugten bei vielen Ungarn doppelten Argwohn, diesbezüglich hatte ich keinen Zweifel. Doch beide Umstände konnte ich nicht ändern.

Im Gefängnis angelangt, fragte ich trotzdem mutig.
„Wer spricht hier deutsch?"
Man deutete an, ich solle warten. Dem deutsch sprechenden Beamten erklärte ich einiges über unsere Situation und daß ich demnach der Meinung sei, mein Mann würde hier unschuldig gefangen gehalten.
„Das behaupten alle", war seine Antwort. „Der Mann war in Hitler-Deutschland tätig, das bedürfe einer genauen Überprüfung."
Da ich keine weiteren Auskünfte erhielt, mußte ich mich damit zu-

frieden geben und kehrte nach Stunden wieder zurück in die Hausmeisterwohnung. Daß man in diesem grausamen Gefängnis auch Foltermaßnahmen anwandte, wußte ich zu dem Zeitpunkt zum Glück noch nicht. Ich weiß nicht, wie ich die nächsten Stunden sonst überstanden hätte.

Die Hausmeisterin hatte inzwischen einen neuen Plan. Unsere sprachliche Verständigung umfaßte zwar lediglich wenige Substantive und Infinitive, doch sie half mir rührend.

Ein Freund von Bandi aus dem Landwirtschaftsministerium betreute während seiner Abwesenheit zeitweilig seine Wohnung. Jedenfalls bis zu deren Zwangsbesetzung. Diesen Freund kannte die Hausmeisterin. An ihn sollte ich mich wenden und ihn um Rat bitten. Mit einem Zettel, auf dem der Name des Freundes und die Adresse des Ministeriums standen, zog ich wieder in der russischen Bekleidung los. Vor mir stand ein stundenlanger Weg durch eine mir unbekannte Großstadt. Leider hatte ich den Platz auch noch mit der gleichnamigen Straße verwechselt und so einen riesigen Umweg gemacht. Meine Füße schmerzten in den knochenharten Stiefeln. Der lange schwere graue Filzmantel drückte auf die mager gewordenen Schultern. Ich hatte an dem Tag noch nichts gegessen. So pilgerte ich am frühen Nachmittag an der schwarzgrauen und nicht blauen Donau weiter, einer totalen Erschöpfung nahe.

Nein, diese Donau war wahrlich nicht blau, nur furchteinflößend. Verzweiflung überfiel mich. Ich stand am Ufer. Sah auf die im Wasser liegenden eingestürzten Donau-Brücken. Dieser Anblick verursachte in mir endgültig ein Gefühl des Verlorenseins. Ich dachte immer eindringlicher daran, das Leben aufzugeben. Es war das einzige Mal in meinem Leben, daß mich die Versuchung zu übermannen drohte.

Ich wollte sterben.

Der dicke Russenmantel würde mir beim Sprung ins Wasser keine Chance zum Schwimmen geben. Ein heftiger innerer Kampf lähmte meinen Lebenswillen... Die sich kräuselnden kleinen Wellen des dunklen Flusses erschienen mir plötzlich jedoch wie die Schaumkämme meines geliebten Meeres. Für Augenblicke war es mir, als stünde ich am Ostseestrand. Eine Stimme sagte in mir: Das darfst du nicht tun. Was würde deine Mutter sagen, wenn sie von deinem Versagen erfährt?

Nach der Überwindung des seelischen Tiefs klammerte ich mich wieder an meinen Glauben. Lieber Gott, so hilf denn du mir doch weiter.

Ich hatte noch einen nicht mehr so langen Fußweg zu bewältigen, dann erreichte ich das Ministerium, zeigte beim Pförtner den Zettel mit dem Namen vor und deutete an, ich wünsche den Herrn zu sprechen. Der Pförtner brachte mich im Lift auf die Etage, klopfte an einer Tür, öffnete sie und sagte lauthals etwas, was ich inzwischen verstand.

„Eine russische Frau".

Der Beamte sprang entsetzt von seinem Stuhl hinter dem Schreibtisch hoch und blickte mich fassungslos an.

„Ich bin Bandi von Szendrös Frau", sagte ich leise.

„Was?... Sie?" Er starrte mir ins Gesicht, weil er mich wohl für eine Russin hielt. „Und wo ist Bandi?"

Wir brachten sekundenlang kein Wort über die Lippen. Er mußte wohl den ersten Schock über mein Erscheinen überwinden, glaubte er doch zunächst, von einer russischen Offizierin verhaftet zu werden. Ich war sprachlos vor lauter Freude, über unsere ausweglose Lage in deutsch berichten zu können.

Ein kurzer Bericht von mir über unseren Zwangsaufenthalt in Rußland sowie über die derzeitige Situation brachte schnell die Erklärung für meinen ungewöhnlichen Besuch.

„Da werden wir sofort einschreiten und Bandi aus dem Gefängnis herausholen", sagte der Freund. Dann nahm er mich mit zu seiner Frau, die erst einmal meinen quälenden Hunger stillte.

Wahrhaftig erschien Bandi nach zwei Tagen bei der Hausmeisterin, mit Stoppelbart und eingefallenen Wangen und berichtete stockend über seinen Aufenthalt bei Brot und Wasser. Endlose Verhöre mußte er über sich ergehen lassen, aber zum Glück ohne körperliche Peinigung.

Unser nächster Weg führte uns zu dem Mietshaus seiner Cousine, deren Wohnung unversehrt geblieben war, und wo wir für ein paar Tage eine Bleibe fanden. Im Ministerium bat Bandi um eine Versetzung auf das landwirtschaftliche Inspektorat nach Eger, einer Stadt im Nordosten Ungarns. Dort lebten seine Eltern, und in Budapest hatten wir keine Wohnung mehr. Zudem war die Lebensmittelversorgung in der Hauptstadt sehr schwierig, man konnte eher durch Tausch von Textilien oder Geräten an Lebensmittel gelangen als mit Geldscheinen. Diesbezüglich war die Lage in kleineren Städten mit umliegendem Agrarland erträglicher. Von der einst so schönen Donaumetropole, die auch Paris des Ostens genannt wurde, sah ich 1945 nur viele Ruinen, zerstörte Brücken, Einschußlöcher an den Häusern. Verglichen mit Berlin war Budapest aber weniger zerstört.

Vor unserer Abreise nach Eger fand im Ministerium noch eine politische Überprüfung bezüglich des Arbeitsgebietes von Bandi in Deutschland statt. Diese Kommission bestand vorwiegend aus Vertretern der kommunistischen Partei, und das Ergebnis der Überprüfung lautete entsprechend: Obwohl der Diplomat von Szendrö vom Auswärtigen Amt für soziale Dienste nach Deutschland entsandt wurde, hat er doch Interessen jenes faschistischen Landes vertreten. Somit wurde Bandi eine harte Rüge erteilt. Welch ein Widerspruch! Ich wußte, wie engagiert er sich um die Belange seiner Landsleute in Deutschland kümmerte, daß er keine Sympathie für das politische Regime in Deutschland und für den Krieg hegte. Einmal erzählte er mir sogar, wie er ungarischen Juden in Deutschland geholfen habe.
Doch er machte auch keinen Hehl daraus, daß er für die Kommunisten nichts übrig hatte. In Rußland nicht und erst recht nicht nach dem „Empfang" in seiner Heimat.

Wahrscheinlich trug die politische Überprüfung und die Rüge mit dazu bei, daß die weiteren Bemühungen um Rückgabe der Wohnung ergebnislos blieben. Die Herren im Land waren jetzt Russen und ungarische Kommunisten, Anhänger Stalins, die nach und nach ihre Gesinnungsgenossen bevorteilten und in gehobene Positionen einsetzten. Es galt, den Arbeiter- und Bauernstaat Ungarn zu verwirklichen.

7.

Unsere Reise per Bahn nach Eger, eine Entfernung von 120 Kilometern, nahm zwölf Stunden in Anspruch, weil auf der Hälfte der Strecke die Russen sich die Lokomotive aneigneten. So standen wir fast die ganze Nacht hindurch auf den Gleisen, bis uns eine andere Dampflok zum Ziel zog.
In den frühen Morgenstunden begegneten wir dem ersten Verwandten von Bandi, seinem viel jüngeren Bruder, der auf dem Weg zum

Gericht war, wo er als Staatsanwalt für Jugenddelikte seinen Dienst versah. Ein jung verheirateter Familienvater, der blitzschnell seine Verlobte geheiratet hatte. Der Grund für die plötzliche Heirat war, daß die junge ungarische Frau einen deutschen Namen trug. In einer Geheimaktion registrierte man nämlich alle Ungarn mit deutschen Nachnamen wie Wagner oder Schneider, um sie nach Rußland abzutransportieren. Irgendwie sickerte diese Anordnung durch und die deutschen Familiennamen änderte man so schnell es ging in ungarische Nachnamen. Für Mädchen ein Grund, schnellstens einen jungen Mann mit ungarischem Familiennamen zu heiraten.

Eine unglaubliche Aktion, die überwiegend die ungarische Jugend betraf. Nach einem verlustreichen Krieg an Menschen brauchte die Sowjetunion kostenlose junge Arbeitskräfte in allen Gebieten des Landes.

Meine „Schwiegereltern" empfingen mich sehr herzlich und in dem Glauben, Bandis Frau zu sein, obwohl mich nur der ungarische Paß als solche auswies. Meine Schwiegermutter, die herzensgute Mamóka, und Bandis Bruder wurden in die Situation eingeweiht, die ansonsten bis zur Legalisierung des Verhältnisses streng geheim blieb. Ein großes Risiko und ein steter Angstfaktor bestand in der Tatsache, daß ich als Deutsche illegal in einem kommunistischen Land lebte. Doch wie aus der Illegalität in die Legalität gelangen?

Alle „meine" Verwandten sprachen mehr oder weniger gut deutsch. Aber auf der Straße mußte ich schweigen. Zu groß war die Gefahr erkannt zu werden. Vielleicht verhalf der Russenmantel zu einer gewissen Tarnung, bis er im Frühjahr zu warm wurde. Bis dahin bemühte ich mich, schnell diese Sprache zu erlernen. Zudem ich auch mal von Verwandten zu hören bekam: Wer ungarisches Brot ißt, soll auch ungarisch sprechen.

Einfach war das mit der ungarischen Sprache wahrlich nicht. Es kostete mich viel Geduld und einen großen Kraftaufwand, eine Sprache mit so andersartigen Strukturen zu erlernen. Von der Aussprache bis zur Grammatik unterscheidet sich die ungarische Sprache ganz grundlegend von fast allen europäischen Sprachen. Die Verwandtschaft half auch nicht nur. So benutzte die Schwester von Bandi für gewisse Bezeichnungen gern das Wort „izé". So fragte sie mich zum Beispiel auf ungarisch:

„Wo ist schon wieder das izé?"

Ich fragte zurück, was sie denn meine. Sie sagte dann auf deutsch, sie suche die Schere. Aber ein anderes Mal zeigte sie auf ein Pferd oder auf einen Stuhl und sagte wieder „izé".

Himmel, Herrgott, dachte ich zunächst, was ist das für eine Sprache, in der Pferd und Schere gleich heißen. Haben die Ungarn womöglich für jedes Wort das gleiche Substantiv? Bald löste sich das Rätsel, es war in der schlechten Angewohnheit bzw. Mundfaulheit der Schwester begründet, alles Mögliche mit dem Wörtchen „izé" (das Ding) zu bezeichnen.

Kurz nach meinem vierundzwanzigsten Geburtstag verbrachte ich 1945 das erste Weihnachtsfest in einem fremden Land. Heimweh übermannte mich. Aber ich verdrängte jegliche Emotionen, um die weihnachtliche Stimmung der wieder vereinten Familie „meines" Mannes nicht zu belasten. Nur Mamóka ahnte meinen Schmerz und die Sorgen, die mich bewegten.

Sie sprach auch perfekt deutsch, denn ihre Eltern waren Ende des 18. Jahrhunderts von Deutschland nach Ungarn ausgewandert, wo sie mit deutscher und ungarischer Sprache aufgewachsen war. Ich lernte sie als sehr religiöse Frau kennen und lieben. Sie umarmte mich liebevoll.

„Möge Gott dir alle deine Wünsche früher oder später erfüllen."

Das Wort „später" hätte genügt, denn bis zur Erfüllung von den Wünschen, die mich während der frohen Festtage heimlich bewegten, sollte noch viel Zeit ins Land gehen.

An einem Vorfrühlingstag, in der schon angenehm wärmenden Sonne, entschloß ich mich, die Bischofsstadt Eger näher kennen zulernen. Bis dahin hatte ich nur an Bandis Seite kurze Wege in der Stadt zurückgelegt. Und auf diesen Wegen war die Angst meine ständige Begleiterin. Nur nicht auffallen! Nur nicht sprechen! Irgend jemand könnte auf mich aufmerksam werden.

Doch mit allmählich wachsenden ungarischen Sprachkenntnissen und etwas Mut traute ich mir einen größeren Spaziergang allein zu. Ich wollte das barocke Eger im Komitat Heves näher und mit etwas Muße betrachten.

In der Hauptstraße, die im Volksmund stets „Hauptstraße" (Fö utca) hieß, obwohl sie den Namen des berühmten ungarischen Reformers Széchenyi trug, ging ich am Priesterseminar vorbei und schaute durch die schmiedeeisernen Gitter in den Garten der schönen Bischofs-Residenz. Wie seine Gartentore schien auch das ganze Gebäude verschlossen zu sein. In dieser Zeit, Anfang 1946, hielt man so gut wie alle kirchlichen Institutionen und Häuser unter Verschluß.

Die monumentale, alte pädagogische Hochschule mit einer Sternwarte im Obergeschoß war ein Prachtbau. Dieses Lyzeum wurde im 18. Jahrhundert erstellt. Das quadratisch angelegte Gebäude hatte einen großen Innenhof, in dem später auch Musikaufführungen abgehalten wurden. In der Hochschule gab es schon zu der Zeit Vorlesungen. So konnte ich mich im Gebäude, zwischen seinen meterdicken Wänden, etwas umschauen. Die Tür zur großen Bibliothek war angelehnt, und beim Betrachten der hohen Regale bestaunte ich einen Bücherschatz von unbeschreiblichem Wert.

Das Hauptportal des Lyzeums verlassend, sah ich mich einer breiten, stark ansteigenden Treppe gegenüber. Sie führte zur Hauptkirche, zu der Kathedrale von Eger hinauf, die auf einer steilen Anhöhe lag. Ein majestätischer Bau im neoklassischen Stil. Der Glockenklang der Kathedrale übertönte die ganze Stadt, am Auslauf des Bükk-Gebirges im weiten Tal des Eger-Baches gelegen. Eger war rundum von Hügeln umgeben, einige Hügelabhänge liefen bis in die Stadtmitte hinein.

Von der Hauptstraße wandte ich mich einer Straße zu, in der ich die selten schönen barocken Domherrenhäuser fand. Prachtvoll in ihrer Architektur. An die Häuser schloß sich die herrliche barocke Kirche der Franziskaner an, die als Mönche im Gesundheitswesen tätig gewesen waren. Voller Bewunderung betrachte ich das Mittelschiff der Kirche und die Nebenaltäre.

Ihr gegenüber lag das Komitatshaus, das man durch ein kunstvolles schmiedeeisernes Tor erreichte. Eine wundervolle handwerkliche Meisterarbeit. Man spürte an zahlreichen Gebäuden die Schaffenskraft, die Ende des 17. Jahrhunderts hier eingesetzt hatte.

Eger war – und ist bis zum heutigen Tag – ein barockes Juwel, das Stadtbild prägten die vielen, vielen Kirchen, aber auch der religiöse Geist der Stadt war vom Katholizismus geprägt. Der Krieg hatte die Komitatsstadt weitgehend verschont, ich entdeckte nur hier und da Einschußstellen an den Häusern.

103

*Panorama von Eger um 1950,
mit Minoritenkirche (im Vordergrund) und Kathedrale*

Eine schmale Gasse führte mich zum Marktplatz im Herzen der Stadt. Im Hintergrund auf einem Hügel erhob sich auf felsigem Gestein die Burgruine Eger. Eine der sehr bedeutenden historischen Burgen in Europa. Ungarische Männer und Frauen unter dem berühmten István Dobó errangen hier im 16. Jahrhundert in heldenhaftem Kampf einen besonders wichtigen Sieg über die Türken, deren Heere den ganzen Kontinent bedroht hatten. Damals war es das Osmanische Reich, das sich anschickte, in grausamen Kriegen die Völker Europas zu unterjochen. Zu den wehrhaften Ungarn und heroischen Kämpfern gehörten auch Bandis direkte Urahnen. Wie sein registrierter Familienstammbaum zeigt, war der Pfalzgraf Bálint II. von Szendrö Mitte des 16. Jahrhunderts Burgkapitän in Eger. Zu der anderen Linie der Familie gehörte Bálint Török von Enying, der Verteidiger von Belgrad in den Türkenkriegen 1521. Der Kampf um die Burg von Eger wird ausführlich in dem historischen Roman „Die Sterne von Eger" beschrieben, den der Schriftsteller Géza Gárdonyi 1901 in seinem Haus unweit der Burgruine verfaßt hat.

Eger um 1950: Türkisches Minarett in der Knézich Straße

Auf dem Marktplatz herrschte reger Umtrieb. Bäuerinnen boten auf ihren schmalen Tischen Gemüse und frische Milchprodukte in Holzkübeln feil. Den Marktplatz säumten das Rathaus sowie die schöne barocke Minoritenkriche mit anschießendem Kloster und ein paar kleine Geschäfte.

Sobald man den Stadtkern verließ, wirkte Eger eher ländlich. Die niedrigen Häuser, ihre sehr kleinen Fenster machten auf mich einen bäuerlichen Eindruck. An die letzten Häuser grenzten bereits die Weinberge mit den dazu gehörenden Weinkellern.

Die Stadt wurde mit üppig sprudelndem Thermalwasser versorgt, Eger war nicht nur wegen seiner Bauten und seiner Geschichte, sondern auch als Bäderstadt in ganz Ungarn bekannt. Ein schönes Thermalfreibad mit vielen Becken, ein Freibad für Sportschwimmer und ein türkisches Bad lockten nicht nur die Stadtbewohner an. Im gesamten Stadtgebiet kam das Trinkwasser mit einer Temperatur von 30° C aus der Leitung, nachdem es zuvor in Kellern abgekühlt wurde.

Mein Spaziergang führte mich zu der Burg hinauf. Nach einem Besuch der unterirdischen Verteidigungsgänge, der Kasematten, verweilte ich auf einer Bank neben dem Grab des Schriftstellers Gárdonyi. Auf der Grabplatte las ich die Inschrift: „Csak a teste", was so viel bedeutete, daß hier nur sein Körper lag, seine Seele jedoch weiter lebte. Mein Blick flog über das Panorama der Stadt, ich sah die vielen Kirchtürme. Vor mich hin dösend verfiel ich in eine ernste Grübelei.

Gewiß hatte Bandi nicht zu viel erzählt über historische Städte und baulich einzigartige Gebäude in seiner Heimat. Aber was hielt mich in dieser Stadt? Hier sollte ich leben als Frau von Szendrö, die ich nicht war? Ich hatte kein einziges echtes Dokument in den Händen. War nach wie vor Fräulein Michaelis, eine junge Deutsche, die sich unter keinen Umständen zu erkennen geben durfte. Eger lag im Nordosten Ungarns, die Grenze nach Westen war weit und von Russen abgeriegelt, mit einem „Eisernen Vorhang" verschlossen worden. Wie könnte ich von hier je wieder in meine Heimat gelangen? Wie nur? Wie?

Am Spätnachmittag kehrte ich in unser Zimmer zurück und verbrachte wortlos den Rest des Tages.

Unter dem neuen Regime lebten viele Ungarn in Angst. Wer eine größere Wohnung oder ein Haus besaß, mußte mit Besetzung des

Wohnraumes durch Russen oder auch mit der Enteignung des Hauses rechnen.

Uns nahm ein Verwandter, ein Bauingenieur, in einem möblierten Zimmer auf, nachdem wir erst kurze Zeit bei Mamóka gewohnt hatten. In ihrer Zweizimmerwohnung war nicht genügend Platz, sie beherbergte schon die Schwester von Bandi, die vor den Russen flüchten mußte. Später siedelten wir zu Bekannten in eine Miniwohnung um, die aus einem Zimmer mit Vorraum bestand, der als Küche diente. Auch hier fürchtete man die Wohnraumbesetzung und vermietete lieber uns einen Teil der Wohnung. Wir wiederum waren glücklich, eine kleine Behausung fast ganz für uns zu haben.

Trotz aller Widerwärtigkeiten, die auf das ungarische Volk nach einem verlorenen Krieg zukamen, konnte ich die Ungarn nur bewundern, daß sie ihre optimistische Lebensart und ihre liebenswerte Mentalität nicht verloren hatten, sondern sie so gut es ging weiter lebten. Allerdings galt die Einstellung nicht für Kommunisten, die haßerfüllt den Mittelstand und auch die obere Schicht des Landes zu zerstören bereit waren. Diese Entwicklung begann mit einer Bodenreform, die aber eine zwangsweise Enteignung des Bodenbesitzes darstellte, hinzu kam die Verstaatlichung von Fabriken bis hin zu handwerklichen Kleinbetrieben und die Zwangsenteignung des kirchlichen Besitztums an Gebäuden und Einrichtungen.

Bandi stammte väterlicher- wie mütterlicherseits aus einer sehr angesehenen Adelsfamilie, die auf der mütterlichen Linie Güter und Ländereien in Ungarn besaß.

Sein Vater, der Nachfahre der Kämpfer gegen die Türken, diente als Offizier in der K. und K.-Monarchie. Nach dem Tod seiner ersten Frau, Bandis leiblicher Mutter, heiratete er in zweiter Ehe die deutsche Ilona Haib. Sie wurde in der Familie nur Mamóka genannt, das gute Mütterchen.

Bandis Mutter entstammte der bekannten Elek-Familie, hieß Irén und hatte drei Schwestern und zwei Brüder, die alle auf den Gütern und Ländereien aufwuchsen. Es war eine alte Adelsfamilie mit großem Einfluß im Land, beschäftigte viele Familien in der Landwirtschaft, auf den Gütern und in den großen Stallungen.

Der Adel und Hochadel wurde in Ungarn nicht wie im Deutschen durch die Bezeichnung „von" ausgedrückt, sondern durch einen „Vornamen" zum Familiennamen gekennzeichnet. Dieses Adelsprädikat (das im Deutschen mit „von" übersetzt wird) sagte dann aus, zu welchem alten Adelsgeschlecht die Familie gehört, es wurde in den Adelsarchiven festgehalten und registriert. Bei der Erhebung in den Adelsstand ging es historisch oft nicht um Reichtum oder Besitz, sondern es handelte sich um eine Auszeichnung für Heldentum, für besonders hervorragende Leistungen und Taten. Zu der Ehre wurde schon auch ein gewisser Landbesitz erteilt, der dann über Generationen vererbt wurde, gegebenenfalls vergrößert oder am Kartentisch verspielt.

Es gab in Ungarn auch viele Großbauern und Gutsbesitzer, die keinem Adelsgeschlecht angehörten. Die Bodenreform des kommunistischen Regimes enteignete aber jeden Besitzer von Landgut bis auf hundert Morgen und verteilte das Land in kleinen Flurstücken an die Landbevölkerung. Einen Vorteil erhielten die Bauern dadurch jedoch nicht, denn diese Landstücke wurden alsbald wieder in landwirtschaftliche Genossenschaften zusammengefügt. Neben der ungarischen Bezeichnung verwendete man für sie auch das russische Wort „Kolchose".

Die Großgrundbesitzer lebten bis Kriegsende vom Frühjahr in den Herbst hinein auf ihren Gütern. Wenn die Ernte eingebracht war, zogen sie in ihre Eigentumswohnungen nach Budapest, wo das gesellschaftliche Leben florierte. Es gab Bälle und Wohltätigkeitsveranstaltungen, man tätigte Einkäufe, besuchte sich gegenseitig und genoß das Stadtleben. Ein landwirtschaftlicher Verwalter überwachte die weitere Arbeit auf dem Gut, und der Gutsbesitzer sah nur von Zeit zu Zeit nach dem Rechten. Köchin und Zimmermädchen zogen zu ihrer großen Freude mit in die Stadt.

Dieses angenehme Leben der Herrschaft mag manchen Knecht und manche Magd zu der Überzeugung verleitet haben, die kommunistische Idee und ihr System müsse eine gerechte Sache sein, und sie schlossen sich der kommunistischen Bewegung an. Dabei vergaßen sie, daß sie neben ihrer Arbeit auch ein recht sorgenfreies Leben in kostenloser Wohnung sowie Lohn und Erntezuteilungen gehabt hatten. Wie ein landwirtschaftlicher Betrieb, gleich welcher Größenordnung, bestehen kann, zumal nach Mißernten oder durch mangelnde Fähigkeiten, haben die Bauern erst mit ihren kleinen Flurstücken erfahren müssen. Vielen von ihnen ging es in den Anfängen der kommunistischen Ära stalinistischer Prägung wesentlich schlechter als zuvor. Ungarn, das reiche Agrarland, verfiel binnen kurzer Zeit in ein landwirtschaftliches Chaos. Mit ihm endete auch das feudale Leben einer intelligenten Schicht auf dem Land.

Einen Abglanz dieses gesellschaftlichen Lebens und seines allmählichen Zusammenbruchs erlebte ich, als wir zum ersten Mal Bandis Onkel auf dessen Landsitz besuchten und noch bei einigen späteren Begegnungen.

Sein Gut war nun in Parzellen aufgeteilt. Es lag südlich von Eger, schon in der großen ungarischen Tiefebene, wo Bandi viele Jahre seiner Kindheit verbracht hatte. Seine leibliche Mutter Irén war die Schwester des Gutsbesitzers János Elek von Pazony, die ein Jahr nach der Geburt ihres Sohnes verstarb. Bandi hatte also seine Mutter nie gekannt und wurde bei seinem Onkel János aufgezogen.

Die Zugverbindung hörte nach dreizehn Kilometern vor dem Elekschen Landsitz Puszta Tenk auf. An der Bahnstation erwartete uns eine Kutsche mit zwei Pferden, ein Gespann, das der Familie geblieben war. Die kleinen Dörfer auf dem Weg zur Puszta mit ihren weiß getünchten Häusern machten einen bescheidenen Eindruck, muteten aber recht liebenswert an. Die weißen Fassaden schmückten üppig blühende dunkelrote Geranien, und die Dorfstraßen zierten in der trockenerdigen Puszta Akazienbäume.

Ein altes ungarisches Volkslied besingt diese idyllische Dorflandschaft: „Komm in mein akazienblühendes Dorf, hier erwartet dich meine liebevolle Umarmung..."

Plötzlich fuhren wir durch ein Portal in eine herrliche Kastanienallee und auf einen großzügigen Landsitz zu. Man nannte ihn in dieser Gegend das Schloß, ich hätte ihn aber eher als eine ältere, große Villa mit beidseitigem Treppenaufgang bezeichnet. Eine etwas mollige, mittelgroße Dame erschien, ging auf Bandi zu, umarmte ihn weinend und küßte ihn auf beide Wangen. Es war seine Cousine Renée, die Tochter des Gutsbesitzers, mit der er seine Kindheit verlebt hatte. Sie hieß uns beide herzlich willkommen, während ein markanter Herr, in straffer Haltung, mit wohlwollendem Lächeln auf uns zukam. Er hieß László, der Ehemann der Cousine Renée, Oberst und Flügeladjutant a.D. des Reichsverwesers Miklós von Horthy, der bis 1944 Ungarn regierte. Nach dem gescheiterten Versuch des Reichsverwesers, den Pakt mit Deutschland zu lösen, um mit den Alliierten einen Sonderfrieden zu schließen und so wenigstens für Ungarn den Krieg zu beenden, mußte von Horthy abdanken, und das Land wurde von der deutschen Wehrmacht besetzt.

Der Oberst und Bandi umarmten sich herzlich, ich wurde von László mit einem Handkuß begrüßt. Das geräumige Haus hatte zwölf Räume, darunter den gelben, blauen und rosa Salon, ausgestattet mit prachtvollen alten Stilmöbeln. Vor dem Essen wurde ich dem betagten Onkel János und seiner Frau, einer gebürtigen Engländerin, vorgestellt. Ein stattlicher Mann mit gepflegtem Bart und abschätzendem Blick stand vor mir. Obwohl in diesen Kreisen eine gewisse Etikette zum guten Ton gehörte, die ungarische Herzlichkeit durchbrach solche Schranken, und die Begrüßung des Ehepaares klang eher familiär. Die beiden Ehepaare bewohnten das geräumige Haus, zu dem von den vielen Ländereien inzwischen nur noch 100 Morgen gehörten, welche der ehemalige Oberst mit einer landwirtschaftlichen Hilfe selber bewirtschaftete. Eine ältere, fast taube Köchin war aus Anhänglichkeit bei ihrer Herrschaft geblieben. Sie verstand es, in der Küche an einem großen, mit Holz befeuerten Herd feine Speisen herzustellen. Dabei sang sie sehr laut.

Strom gab es nicht mehr im Haus, wir saßen abends beim Schein von Petroleumlampen und gingen mit diesen Lampen oder Kerzen in unsere Schlafräume.

Mich faszinierte die Weite der Puszta, die Geräuschlosigkeit auf den unendlich weiten Feldern, auf denen die riesigen Wassermelonen in der glühenden Sonne reiften oder der wogende Weizen eine ertragreiche Ernte versprach. Ich liebte auch den schönen Park, der das ehrwürdige Haus umgab, mit seinen alten Bäumen und der herrlichen Kastanienallee, die der Gutsbesitzer in jungem Alter eigenhändig gepflanzt hatte. Bei späteren Besuchen in Puszta Tenk traf ich auch die erwachsenen Söhne der Cousine Renée, die zeitweilig heimkamen und mit denen ich über die weiten Felder an den alten Ziehbrunnen vorbei lief und den einstigen Landbesitz kennen lernte.

Ich verbrachte manche Tage ohne Bandi bei der Cousine, wenn er Dienstreisen unternahm und mich dort unterbrachte. Über die Grenzen von Puszta Tenk hinaus lernte ich auch den Einödhof der alten Adelsfamilie S. kennen. Das Weingut und die großzügigen Obstplantagen der Nachbarn lagen rund fünfzehn Kilometer vom Weiler Puszta Tenk entfernt. Um einen Besuch abzustatten, fuhren wir mit dem Pferdegespann dorthin.

Die Pferde scharrten schon unruhig im Hof, als Renées Mann László selbst die Zügel in die Hand nahm. Ich durfte neben ihm auf dem Bock Platz nehmen, um die Landschaft besser betrachten zu können. Vor mir lag die weite Ebene der Puszta, nur vereinzelt sah man einen Baum. Manchmal war ein Esel an den Baum angebunden, der am Abend den müden Bauer auf seinem Rücken vom Feld heim trug.

Das Weingut war nur auf Feldwegen erreichbar. Unterwegs gab es stellenweise Sandlöcher, die wir langsam durchfuhren. In den Rädern der Kutsche knirschte der lose Sand. Auf festen Boden angelangt, holte László zu einem heftigen Knall mit der Peitsche aus, der die Pferde in Trab versetzte.

Herrlich empfand ich die stille, hier sehr ertragreiche Puszta. Im Weizenfeld senkte das Getreide mit prallen Körnern gefüllt seine Ähren. Aus dem Mais lugten schon zarte kleine Kolben hervor. Und die dicken Wassermelonen lagen wie fest verankerte große runde Steine auf der warmen Erde. Die Felder säumte der leuchtend knallrote Klatschmohn im Wechsel mit gelbweißen Margeriten.

Ein farbenfroher Anblick.

Gleißend stand am Himmel die Sonne über der einsamen Landschaft und sandte ein Flimmern in die Luft. Plötzlich sah ich in weiter Ferne ein Meer mit kleinen Segelbooten auf seiner ruhigen Oberfläche. László bemerkte mein unwillkürliches Stutzen über die unerwartete Wahrnehmung. Er erklärte die Erscheinung, eine bei der Hitze in der Tiefebene nicht selten auftretende Fata Morgana. Vielleicht wollte das Trugbild mir den sehr entfernten Balaton, das „ungarische Meer" vorgaukeln?

Ein anderes Bild trat in mein Blickfeld, das liebliche Anwesen des Weingutes. Von Bäumen umstanden tauchte ein schöner weißer Bau mit einer breiten Terrasse davor auf. Alles von buntem Blumenschmuck umgeben. Zu diesem schönen Anblick paßte die aufrechte Gestalt einer älteren aber noch sehr schönen, dunkelhaarigen Ungarin. Sie stand mit ihrem Sohn auf der Terrasse, um uns willkommen zu heißen. Als

Kriegswitwe bewirtschaftete sie allein das umfangreiche Weingut. Herzlich empfing sie mich in perfektem Deutsch.

Eine Studie aus den fünfziger Jahren

„Mein liebes Kind, wie ich gehört habe, kommst du aus Deutschland in unser schönes Ungarn. Verwirrende Zeiten herrschen jetzt bei uns. Aber du bist noch so jung, hoffentlich fühlst du dich bei uns wohl."

Jugendliche und junge Menschen wurden in Ungarn von der älteren Generation wie selbstverständlich geduzt.

„Vielleicht wenden sich die Zeiten auch bald wieder zum Guten", antwortete ich.

Nach einer ausgiebigen Jause plauderte die kleine Gesellschaft über die unglückselige politische Lage, während ich das weite Weinbaugebiet besichtigte. Zwischen den olivfarbenen Weinblättern hingen schon kleine Reben, um in der Sonne zu wachsen und zu reifen. Schatten spendete hingegen die Obstplantage mit Kirsch- und Aprikosenbäumen. Zum ersten Mal in meinem Leben sah ich in freier Natur dicke Feigen an den

Büschen. Über mir strahlte ein wolkenloser blauer Himmel. Welche Vielfalt an landwirtschaftlichem Ertrag schenkte doch die Natur diesem Land!

Ein Lied summend schritt ich tänzelnd durch die Gärten, das im plötzlichen Überschwang zu einem freudigen Gesang laut erschallte, während ich im Freien weiter lief.

„Was für eine wunderschöne Stimme du hast. Sie gehört wahrlich auf eine Opernbühne", bemerkte entzückt die Gastgeberin bei meiner Rückkehr und nickte dabei anerkennend zu den Gästen. Leise klang meine Antwort.

„In Ungarn wird es eine solche Möglichkeit für eine Deutsche wohl nicht geben."

Auf unserer Heimfahrt stand schon die Sichel des Mondes am Himmel, bei einbrechender Dunkelheit erreichten wir Puszta Tenk.

Die Söhne von Renée, die am Ausflug nicht teilgenommen hatten, erwarteten mich mit einer Überraschung. Sie hatten den Schlüssel zum Weinkeller entdeckt und bereits einige Flaschen köstlichen Weins stibitzt. Unbemerkt zogen sie mich beiseite und weihten mich in ihr Geheimnis ein. Sie wollten mit mir den für sie langweiligen Abend in Puszta Tenk verplaudern. Ich willigte freudig ein, denn ich hatte selten Gelegenheit, einen Abend mit gleichaltrigen jungen Menschen in lustiger Runde zu verbringen.

Wir mußten nicht lange warten, die ältere Generation legte sich ohnehin frühzeitig schlafen. Nachdem es im Haus still geworden war, zogen wir uns mit Kerzenstummeln in den blauen Salon zurück. Renées Söhne wollten, daß ich von meinem Wirken auf der Bühne und von meiner deutschen Heimat erzähle. Sie wiederum berichteten über ihre Erlebnisse an der Budapester Universität, die sie besuchten.

Der blaue Salon lag weit ab von den Schlafräumen. Der süffige Wein ließ uns aber immer übermütiger werden, unsere Unterhaltung wurde ausgelassener, die Witze sprudelnder. Wir glaubten zwar, in gedämpften Tönen zu klönen und zu lachen, doch plötzlich hörten wir im großen Eßzimmer nebenan die Tür aufgehen. Schritte kamen näher. Blitzschnell pusteten wir die Kerzenstumpen aus und verschwanden hinter Ohrensesseln und dem Diwan. Leise öffnete sich die Tür zum blauen

Salon. Ein Kopf schob sich durch den Türspalt. Dann wurde die Tür wieder zugezogen.

Wir krochen aus unseren Verstecken hervor und mußten beim Lachen die Hände vor den Mund pressen. Wir waren erleichtert, daß man die Weinflaschen im dunklen Raum wohl nicht hatte entdecken können. Nachdem wir den restlichen Wein getrunken hatten, schlichen wir in unsere Schlafgemächer.

Doch wer war unser nächtlicher Besucher gewesen?

Am nächsten Morgen saßen wieder drei Generationen am Frühstückstisch. Der betagte Gutsbesitzer János und seine englische Frau. Sie war seine zweite Ehefrau, kam nach dem Tod der ersten Frau als Gesellschaftsdame auf das Gut, später wurde daraus eine Ehe. So bekam die junge Renée eine fast gleichaltrige Stiefmutter, jetzt waren beide Anfang fünfzig. Die Altersgleichheit und die Rollenverteilung zwischen den beiden führte zu manchen Spannungen, doch jetzt lag ein anderes Prickeln in der Luft. László plauderte galant wie gewohnt, und wir drei junge Menschen schauten etwas verlegen in die Tassen mit Milchkaffe.

Renée blickte unruhig in die Runde und begann zu erzählen.

„Anscheinend spukt es bei uns im blauen Salon. Nachts ging ich durchs Eßzimmer auf die Terrasse, weil ich dort etwas vergessen hatte, was die Köchin am frühen morgen in der Küche brauchte. Im Salon meinte ich Stimmen zu hören. Als ich die Tür einen Spalt weit öffnete, habe ich aber niemanden im Salon gesehen."

Sie schaute ihre Stiefmutter an, als ob die ein Geist wäre.

„Haben wir vielleicht Geister im Haus? Auf alle Fälle sollte in Zukunft die Balkontür fest verschlossen werden. Über den niedrigen Balkon könnte jemand leicht herein klettern. Und wer weiß, was die Kommunisten alles im Schilde führen."

Mit Unschuldsminen nahmen wir drei Nachtschwärmer das Frühstück ein. Ansehen durften wir einander allerdings nicht. Wir waren während des ganzen Frühstücks kurz davor, lauthals loszulachen.

Wahrscheinlich war ich wirklich noch sehr jung, und gerne hätte ich mich öfter auf solche Streiche eingelassen.

Nicht nur dieses Lebensgefühl, auch der Landsitz und alles drum herum wurde zerstört, nachdem der gesamte Besitz der Enteignung zum Opfer gefallen war. Beide Ehepaare brachte man in entfernten, halb verfallenen Weingartenhütten in der Puszta unter. Der Gutsherr Onkel János erlitt einen Schlaganfall, woran er verstarb. Seine Frau kehrte nach England zurück. Seine Tochter Renée aus erster Ehe und ihr Mann lebten viele Jahre in völliger Armut in dem einsamen Häuschen. Herzliche Hilfe wurde ihnen zwar von Seiten der Familie zuteil, aber viel konnte niemand helfen, das Elend hatte sie allmählich zermürbt. Verlassen wollten sie die Gegend nicht, starben dort einsam. Das sogenannte Schloß, aus dem sie in ihr windschiefes Häuschen umziehen mußten, wurde eine Weile als Getreidespeicher benutzt, dann ließ man es bis auf die Grundmauern verfallen. Auch das Weingut der Familie S. wurde enteignet. Die ehemaligen Weinkellereien dienten jahrelang als Schweinestall.

Der Kommunismus hatte eine Familie ausradiert, und einen ertragreichen Landstrich in eine nutzlose Kolchose verwandelt.

Im Laufe des Jahres 1946 sprach man von der Wiederaufnahme des Postverkehrs zwischen Ungarn und Deutschland. Nicht lange danach besuchte mich unerwartet die Mamóka und hielt einen Brief in der Hand, auf dem ich die Handschrift meiner Mutter erkannte. Der Brief ging an Mamókas Anschrift, Bandi hatte in Berlin vor unserem Abtransport nach Rußland meiner Mutter noch schnell die Adresse überreicht. Vor Freude und mit zitternden Händen konnte ich den Brief kaum öffnen, während Mamóka sich schweigend setzte. Mit Tränen in den Augen verschlang ich den Inhalt, erste Nachrichten nach mehr als einem Jahr, daß die Eltern und die Schwester lebten, in Lübeck in zwei möblierten Zimmern wohnten, da jeglicher Besitz in Stettin zurückgeblieben war. Ich war nur überglücklich, daß sie gesund waren und ich nun wußte, wie ich sie postalisch erreichen konnte.

In meinem ersten Antwortschreiben bat ich um eine Geburtsurkunde, die die Russen in Schöneiche bei Berlin vernichtet hatten. Ich konnte doch nicht einmal beweisen, überhaupt geboren zu sein. Die Beschaffung der Dokumente stieß auf große Schwierigkeiten, denn Stettin war polnisches Gebiet geworden. Die polnischen Behörden unterhielten zu dem Zeitpunkt noch keinen Kontakt mit Deutschland. So erhielt ich zunächst nur eine notariell bestätigte eidesstattliche Erklärung meiner Eltern, am 6. Dezember 1921 auf die Welt gekommen zu sein. Wesentlich später traf dann vom Rathaus Stettin die gewünschte Urkunde ein. Was wäre geschehen, wenn das Rathaus im Krieg vernichtet worden wäre?

In vieler Beziehung gab es für mich eine Umstellung, was die ungarischen Gebräuche, Sitten und Gepflogenheiten anbetraf, aber auch der allgemeine Lebensstandard blieb weit hinter den damaligen deutschen städtischen Lebensgewohnheiten zurück. Man kochte nicht auf Gas- oder Stromherd, sondern befeuerte einen Eisenherd mit Holz und Kohle, den die Ungarn „Sparherd" nannten. Mir fiel es nicht leicht, auch im Winter vom Hof das Wasser zu holen, das eimerweise in der Wohnung stand, und das Feuer ständig zu schüren, damit man es nicht erneut in Gang setzen mußte. Wegen der noch immer grassierenden Inflation lief ich nach Bandis Gehaltszahlung schnellstens auf den Markt zum Einkaufen, um die Scheine loszuwerden, die am nächsten Tag schon wieder an Wert verloren hatten. Wir konnten auch die Milliarden und Billionen nicht mehr zählen, sondern es hieß, das Gemüse kostet einen roten, blauen oder gelben Schein.
Fleisch gab es nicht, man hätte es auch nicht bezahlen können. So verlief das Jahr 1946, bis im Herbst der Forint als neue Währung eingeführt wurde.

Es gab auch andere Veränderungen, die ich als positive Begleiterscheinung meines Lebens in Ungarn wahrnahm. Ich mochte das Klima, der Frühling setzte zeitig ein, der ungarische Sommer war trocken und so warm, daß er sogar den Asphalt auf der Straße aufweichte.
Auch in den schwierigsten Zeiten gab die Herzlichkeit und Gastlichkeit in der Familie allen Mitgliedern Halt, und sogar in der größten Not „zauberten" die Ungarn immer irgendwo her etwas zu Essen, zu Trinken sowie Fröhlichkeit und Humor. Natürlich war auch der politische Witz, der Spott über die Unterdrücker unter uns Gleichgesinnten auf der Tagesordnung.
Die Großfamilie hatte in Ungarn noch lange Zeit nicht an Bedeutung verloren, und in ihr fand auch ich einen gewissen seelischen Halt sowie eine liebevolle Aufnahme. Der Bauingenieur und Schwiegervater von Bandis Bruder, bei dem wir anfangs für einige Monate gewohnt hatten, besaß einige Kilometer außerhalb von Eger einen kleinen Weingarten in

Almár, idyllisch an einem Hang mit einem kleinen Häuschen gelegen. Er war der unvergeßliche Onkel Josef, hilfreich, ständig humorvoll, und ihm sollten wir später noch viel verdanken. Von Frühjahr bis Herbst setzte sich die Großfamilie, Großeltern, Kinder und Enkelkinder sowie Cousins und Cousinen, Schwager und Schwägerinnen so oft es ging nach Almár in Bewegung, um den Sonntag dort zu genießen. In der ersten Zeit ging es zu Fuß zu dem beliebten Ausflugsziel, später fuhren wir mit der Bahn. Almár hatte zwar eine kleine Bahnstation, doch außer Sommerhäusern und Weingärten gab es dort nur pure Natur. Daneben war wichtig, gut zu essen und viel Wein zu trinken. Zumal man Wasser von einer entfernten Quelle holen mußte.

Die ungarische Gastfreundschaft war von jeher unübertrefflich, und noch bemerkenswerter war, wie die Ungarn in jeder Lebenslage Beziehungen spielen lassen konnten. Zu Hause gab es an vielen Tagen nur einfachste Kost, doch was ein jeder an Lebensmitteln, sei es vom Land her oder durch Schweineschlachtung in Familien irgendwie auftreiben konnte, wurde in Almár aufgetischt. Im Kessel brutzelte die gute Gulaschsuppe, und meldete sich noch unerwarteter Besuch an, wurde sie eben pro Person mit einem Glas Wasser verlängert. Dazu gab es den süffigen Wein aus noch vorhandenen Beständen.

Die Russen hatten nicht alles entdeckt bzw. ausgesoffen. In der Weingegend um Eger waren die Weinkeller zwar gewaltsam aufgebrochen worden, und voller Begeisterung über das köstliche Naß schossen die Soldaten im Vollrausch in die Fässer hinein. Der Wein floß in Strömen in die winkeligen Kellergänge, aus dem ein Russe nicht mehr den Ausgang fand und im Wein ersoff. So erzählten jedenfalls die Einheimischen.

Doch jedes Jahr brachte neue gute Weinernten. Und nachdem uns die älteren Hausfrauen auch noch mit ihrem hervorragenden Backwerk an Kuchen und Gebäcken verwöhnt hatten, durchstreiften wir den umliegenden Wald, während die Kinder sich am Bach im Tal tummelten, und der gute Onkel Josef nach dem Mittagessen seinen Weinrausch kurz ausschlief.

Die etwa 14-jährigen Buben fanden es plötzlich höchst interessant, eine junge deutsche Tante zu haben und schrieben mir auf Zetteln begeistert schwärmerische kleine Liebesbriefe. Von denen „Onkel Bandi" um Gottes Willen nichts erfahren durfte.

Zum Abschluß des Ausflugs fand noch bei offenem Feuer an Holzspießen das Speckscheiben-Braten statt. Aus dem erhitzten Speck ließ man flüssiges Fett auf Brot tröpfeln, wozu noch manch zünftiger Schluck Wein durch die Kehle rann.

Diese sonntäglichen Ausflüge nach Almár, die wir auch in den späteren Jahren in Eger gerne unternahmen, sind mir bis heute in sehr angenehmer Erinnerung geblieben.

Der außergewöhnlich niedrige Lebensstandard, in dem wir lebten, bereitete mir kaum Schwierigkeiten, hatte doch der fast sechsjährige Krieg mich an Entbehrungen in meinen jungen Jahren gewöhnt. Ganz anders empfand Bandi die Lebenslage, sowohl politisch als auch wirtschaftlich und gesellschaftlich. Ihn bedrückte die Gesamtsituation schwer, zumal er das blühende Ungarn der Vorkriegszeit kannte, von der er im Hinblick auf unser Zusammenleben ausgegangen war. Er litt unter dem neuen Regime zeitweise so stark, daß ihn depressive Stimmungen übermannten. Es kostete mich Mühe, ihn mit meinem fröhlichen Naturell aufzumuntern.

Dann kam der Tag, dem wir die Bezeichnung gaben: Ich heirate meine Frau.

Was im Paß stand, sollte nun Wirklichkeit werden. In einer zu Eger nahe gelegenen Ortschaft mit Standesamt sollte zwischen Fräulein Michaelis und Herrn Andreas von Szendrö die Ehe geschlossen werden. In Eger selbst hätte die Legalisierung unseres Zusammenseins nicht vollzogen werden können, waren wir doch dort als Ehepaar bekannt. Die Aktion war äußerst geheim vorbereitet worden. Um sechs Uhr morgens fuhren wir mit dem Zug, nur in Begleitung von Bandis Bruder und einem Freund, beide als Trauzeugen, in den kleinen Ort und zum dortigen Standesamt. Die Heiratsurkunde bescheinigte uns am 15. April 1947 die Ehe. Ein ungeheurer Druck fiel uns beiden von der Seele.

In einer dörflichen Kneipe begossen wir in früher Morgenstunde mit „pálinka" (Schnaps) die Ehegemeinschaft. Die kleine Gastwirtschaft machte wahrlich keinen einladenden Eindruck, war wohl die abendliche Vergnügungsstätte der Landarbeiter. Es roch kräftig nach Fusel und kaltem Rauch, geputzt wurden der Boden, die alten Tische und die wackligen Stühle seit dem Vorabend auch noch nicht. Doch wir vier Hochzeitsgäste nahmen es nicht tragisch, waren nur unter uns und freuten uns, während der „pálinka" auf der Zunge brannte, ein schwieriges

Problem gelöst zu haben. Allerdings hatte ich mir meine Hochzeit einmal stimmungsvoller vorgestellt. Von dem schönsten Tag im Leben einer jungen Frau blieb mir kaum mehr als ein normaler Alltag, bis auf einen mit zierlichen Blümchen gedeckten Mittagstisch bei Mamóka und bei meinem nun wirklichen Schwiegervater. Der betagte, schon etwas tütelige Herr erfuhr erst jetzt die volle Wahrheit, denn wir hatten befürchtet, er könnte sich verplaudern.

Ein solcher Tag ohne die Eltern, die Schwester, fern der Heimat ließ in mir keine Hochstimmung aufkommen. Und meiner künstlerischen Laufbahn konnte ich doch nur noch nachtrauern.

Wohnraum war in Großstädten wie auch in der Provinz längst absolute Mangelware, es fehlte im ganzen Land an Geld zum Bauen. Zwei Schwestern von Bandis leiblicher Mutter bewohnten in Budapest eine Wohnung mit schönen antiken Möbeln, die Bandi nach ihrem Ableben erben sollte. Die Tanten standen schon in hohem Alter und waren entsprechend hilfsbedürftig. Sie benötigten eine ständige Betreuung.

Zufällig lernte Bandi jemanden kennen, der über eine Wohnung in Eger verfügte, aber in Budapest Wohnraum suchte, da er in die Hauptstadt versetzt worden war. Es handelte sich natürlich um einen Parteifunktionär, doch da beide Seiten auf den Wohnungstausch dringend angewiesen waren, kam man schnell zu einer Einigung.

Wie lange unser Glück in den eigenen vier Wänden währen würde, stand zwar in den Sternen, doch gelangten Bandi und ich 1948 so zu einer modernen Mietwohnung mit drei Zimmern, in der auch die betagten Tanten aus Budapest unter meiner Betreuung zunächst einen geruhsamen Alterssitz fanden.

Unser neues Heim lag etwas außerhalb des Stadtkerns und somit nicht mehr weit von den Weinbergen um Eger, die bis zum Stadtrand reichten. Bei unseren Spaziergängen zu den Weingärten, in das sogenannte „Schönfrauental", die beliebteste und weithin berühmte Weinregion bei Eger, besuchten wir gerne die noch zum Teil freien Winzer in ihren Weinkellern, wo auch die musizierenden Zigeuner nicht fehlten. Ihre schönen ungarischen Volksweisen lernte ich mit dem Text schnell auswendig und trällerte nach ein zwei Gläsern des „Stierbluts", wie einer der bekanntesten Rotweine aus Eger heißt, in weinseliger Stimmung die alten ungarischen Lieder mit. Zigeuner und besonders der Zigeuner Primas sind sehr feinfühlige Menschen, mit einem ausgeprägten Instinkt für die Stimmung, in der sich ihr Zuhörer befindet. Die Auswahl des Liederwunsches läßt ihn erkennen, ob Freude oder Leid, Sehnsucht oder Trauer den Zuhörer bewegen.

Langsam wurden mir Land und Leute vertrauter. Sprachbarrieren kannte ich nicht mehr, und ein größerer Freundeskreis sorgte für Abwechslung. Sollte nach bald drei Jahren in Ungarn sich die Zeit für mich tatsächlich zum Guten wenden?

8.

Nach der ersehnten Wende hin zu einem normalen Leben, was unsere Wohnungssituation betraf, wünschte ich mir ein Kind. Bald darauf erblickte 1949 unser Sohn Imre das Licht der Welt. Seine Ankunft hatte ich mit vielen Handarbeiten liebevoll vorbereitet, denn die Beschaffung einer Babyausstattung bereitete noch immer Schwierigkeiten, obwohl wir schon das vierte Jahr nach Kriegsende zählten. Das freudige Ereignis enthielt für mich einen Wermutstropfen, den deutschen Großeltern konnte ich lediglich eine schriftliche Mitteilung von der Geburt ihres ersten Enkelkindes zukommen lassen. Dennoch war ich glücklich, wenn der kleine „Pocok", wie ich ihn mit dem ungarischen Wort für Hamster nannte, in seinem blauen Himmelbett schlummerte und nicht ahnte, wie unberechenbar und hinterhältig es in dieser Welt zuging.

Wir blieben von der Grausamkeit der politischen Welt nicht lange verschont. Ungewöhnlich kam es mir vor, als Bandi an einem Vormittag von der Dienststelle heim kam. Er brachte eine Hiobsbotschaft mit, die lautete, er sei mit sofortiger Wirkung aus dem Inspektorat entlassen. Nicht nur in Budapest hatte man Akademiker, die nicht in die Partei eingetreten waren, aus ihren Ämtern entlassen, sondern ging jetzt zu gleichen Maßnahmen in der Provinz über. Statt studierte Fachkräfte setzte man minder ausgebildete Parteigenossen in die Positionen.

Als ich allein war, nahm ich mein sechs Monate altes Baby fest in die Arme und flüsterte leise.

„Mein kleiner Pocok, was wird nur aus uns beiden?"

Doch das Leben mußte weitergehen, und der stets besorgte Familienvater nahm entfernt von Eger auf dem Lande eine Stellung als landwirtschaftlicher Kontrolleur an. Wir sahen uns wochenlang nicht.

Es gab in Ungarn nur noch staatliche Angestellte, eigenständige Berufe wie Ärzte oder Juristen schloß man in Arbeitsgemeinschaften zusammen. Die kirchlichen Einrichtungen wie Schulen und Krankenhäuser waren längst staatliche Institutionen, wobei man hervorragende Lehrkräfte aus den Schulen und die gut ausgebildeten Nonnen als Pflegepersonal aus den Krankenanstalten entlassen hatte, um sie gegen kurz ausgebildete Kräfte auszutauschen. Der Atheismus eines kommunistischen Regimes forderte seinen Tribut.

Ein makabres Ereignis erlebte ich in Budapest.

Nach der Enteignung ihres kleinen Gutes in unserer Nähe war meine schwedische Freundin in ihre Heimat zurückgekehrt. Sie hatte ihren Mann noch während eines Bombenangriffes in Budapest verloren. Nun nach der Enteignung ihrer Bleibe in Ungarn verließ die schwedische Staatsbürgerin das Land. Aus Schweden unterstützte sie mich mit Paketen. Die Aktion lief über die amerikanische Botschaft in Budapest, wo sie ein befreundetes Ehepaar hatte, das die Sendungen an mich weiterleitete. Die Frau des Botschaftsangestellten bat mich in einem Brief, bei einem gelegentlichen Aufenthalt in Budapest bei ihr und ihrem Mann einen Besuch abzustatten. Dieser Einladung kam ich gerne nach, ohne zu ahnen, welche Folgen sich daraus ergeben würden.

Das Ehepaar bewohnte eine schöne Wohnung an der Donau, und ich hatte mich bei der Budapester Cousine von Bandi einquartiert.

Während der Hausmeister im Lift mich auf die Etage zur Wohnung des amerikanischen Ehepaars brachte, fragte er mich, wo ich wohne. Mich überfiel ein unsicheres Gefühl und ich gab einen falschen Wohnort an.

Nach einem unterhaltsamen Nachmittag luden mich die Gastgeber noch zu einem amerikanischen Film ein, von dem ich mir in Anbetracht der damals minderwertigen und tendenziösen ungarischen Filme einen besonderen Genuß versprach. Was ich nicht wußte und auch erst zu spät erfahren habe: Der Kinoraum lag direkt in der amerikanischen Botschaft.

Offensichtlich hatte man auf mein Verlassen der Wohnung schon gewartet, denn als das Auto der Amerikanerin aus der Garage fuhr, folgte uns von der gegenüberliegenden Seite her sofort ein Wagen. So etwas konnte einem bei dem damaligen minimalen Autoverkehr nicht entgehen.

Ein überprüfender Blick in das Innere unseres Wagens vom wachhabenden Polizisten vor dem Botschaftseingang entging mir nicht. Von dem Film habe ich vor Angst dann auch nichts mehr gesehen, nur noch den Wunsch verspürt, aus diesem Gebäude wieder hinaus zu kommen. Wer nicht ein nachweisbares amtliches Anliegen zum Botschaftsbesuch vorzeigen konnte, galt als verdächtige Person und mußte mit Verhaftung und Verhören rechnen. Niemand hätte mir geglaubt, nur im Kino gewesen zu sein.

Die Amerikanerin fuhr mich mit ihrem Chauffeur zu meinem Quartier zurück. Uns folgte wieder ein Auto. Ich bat die Amerikanerin, nachdem auch sie das uns verfolgende Auto bemerkt hatte, mich unweit der Wohnung der Cousine abzusetzen. Kaum war ich ausgestiegen, entstieg auch dem anderen Wagen eine Person, die mir folgte. Forschen Schrittes, mit einem leichten Vorsprung, erreichte ich die Wohnung, die im Parterre lag. Beim Öffnen der Wohnungstür löschte ich sofort das Licht in der Diele, denn die Tür hatte einen Glaseinsatz. Der Cousine bedeutete ich, absolut still zu bleiben, was sie sofort verstand. Aus der dunklen Diele sahen wir im erleuchteten Treppenhaus, wie eine männliche Gestalt zur Tür schlich, nach dem Namensschild sah und sich dann entfernte. Wir erstarrten vor Schreck. Uns wurde beiden übel, und ich bekam auch noch heftige Vorwürfe zu hören.

„Bist du denn von allen guten Geistern verlassen? Wie konntest du nur in die amerikanische Botschaft gehen!"

Es wurde eine schlaflose Nacht, in der ich sofort mein Notizbuch, in dem auch noch viele Adressen der Internierten aus Rußland standen, in kleine Fetzen zerriß und in der Toilette hinunterspülte. Westliche Anschriften bedeuteten verdächtiges Material. Wenn ich das Öffnen des Haustores in dem großen Mietshaus nach 22 Uhr hörte, hatte ich nur einen Gedanken: Jetzt holt man mich ab. Im Morgengrauen verließ ich die Wohnung und hatte noch einmal Glück, denn neben der Wohnungstür der Cousine gab es auch weitere Eingänge, und sie sagte dem Sicherheitsbeamten, der bald nach meinem zeitigen Verschwinden aufgetaucht war, keinen Besuch in ihrer Wohnung gehabt zu haben.

Noch einmal traf ich mich mit dem amerikanischen Ehepaar, weit entfernt von ihrer Wohnung, die voller Entsetzen meine Schilderung des Vorfalls anhörten. Ich aber faßte den festen Vorsatz, keinerlei Kontakte mehr zu westlichen Ausländern in Ungarn zu unterhalten. Aus den einst im Krieg verbündeten Russen und Amerikanern waren Feinde geworden, die nun einen kalten Krieg fortführten, dem sich alle sowjetisch besetzten Länder Europas beugen mußten. In „meinem" unterdrückten Land sagte man inzwischen mit etwas Galgenhumor: Es gibt hierzulande zwei unterschiedliche Menschentypen. Die einen haben im Gefängnis gesessen, und die anderen werden noch im Gefängnis sitzen.

Viel Freude bereitete es mir, das Heranwachsen meines kleinen Sohnes Imre zu erleben, und Bandi hatte auch wieder eine Stellung in Eger. Allerdings waren seine Einkünfte recht gering, was mir oft große Sorgen bereitete. Aber die zärtliche Anhänglichkeit meines Erstgeborenen ließ die trüben Gedanken verfliegen. Die kindliche Liebe des kleinen Pocok empfand ich wie einen Schutz gegen die Unbilden der Zeit. Wahrhaftig nahm er auch in meinem späteren Leben in manchen Situationen eine Beschützerrolle ein.

Seinen Namen Hamster trug er damals zurecht, denn er aß außerordentlich gern. Nachdem ihn unser Nachbar einmal zu einem Frühstück einlud, meldete er sich regelmäßig dort. Um Essen bitten durfte er nicht, aber er sagte einfach nur, es rieche so gut nach Wurst, und hatte dadurch „wohlerzogen" trotzdem sein Ziel erreicht.

Der Sache kam ich erst mit der Zeit auf die Spur. Zum Mittagessen reichte es uns meist nur zu einem Gemüsegericht, was er weniger mochte, aber bis dahin trotzdem aufaß. Nun sagte er bei Gemüse plötzlich, er sei doch schon so satt.

Bald machte ich dem kleinen Pocok klar, er müsse die mütterliche Liebe auch mit einem anderen Wesen teilen, denn ein Geschwisterchen hatte sich angemeldet.

Alle freuten sich auf das kommende Ereignis, besonders Bandi und die alten Tanten, die ich betreute.

Mich bedrückte trotz aller Freude unsere finanzielle Situation. Immer wieder bahnten sich erneute Stellungswechsel an. Kaum hatte mein Mann in einem Betrieb Fuß gefaßt, sorgte die Partei für seine Entlassung. Die Gründe dafür mögen in seiner Herkunft gelegen haben. Aber auch eine gewisse offen erkennbare Abneigung seinerseits gegenüber dem politischen Regime konnte die Ursache des wiederkehrenden Verlustes der Stellung sein. In den ersten drei der fünfziger Jahre wurde er sechzehn mal aus seiner Stelle gefeuert. Seine Verbitterung konnte ich verstehen, ermahnte ihn aber trotzdem oft, daß eine gewisse Anpassung an die unabwendbare Lage erforderlich wäre, und man seine Aversionen nicht ungeschützt zur Schau tragen dürfe. Von seiner politischen Einstellung her war Bandi seit jeher der Sozialdemokratie zugetan, was im stalinistischen Ungarn ungefähr das Schlimmste an politischer Neigung bedeutete.

„Wer nicht für uns ist, der ist gegen uns!", lautete die Parole der Kommunistischen Partei, und der hatte man sich zu fügen. Das zeigte sich besonders bei sogenannten Wahlen im Land, die immer nach dem gleichen Schema abliefen. Bei allgemeiner Wahlpflicht erhielt man einen Wahlschein, auf dem nur die kommunistische Partei aufgeführt war. Man steckte den Zettel in die Urne und hatte automatisch mit Ja gewählt. Statt des Scheines legte ich auch mal Toilettenpapier in den Umschlag. Ich war nicht die einzige. Aber das Wahlergebnis lag immer bei 98 Prozent für die Partei.

Viele Gedanken kreisen um den einen Punkt, nämlich wie ich selbst zu einem Verdienst kommen könnte. Aber zunächst mußte ich mein zweites Kind auf die Welt bringen. Die Lebensmittelversorgung wurde immer katastrophaler. Sechs Jahre nach Kriegsende gab es in einem Agrarland alles auf Marken.

Als Schwangere erhielt ich täglich einen halben Liter Milch. Gemüse bekam man noch reichlich auf dem Markt, aber selbst das und erst recht Geflügel ließen sich die Bauern mit immens hohen Preisen bezahlen. Zweimal aß ich während der neun Monate Fleisch und saß manchmal in Mamókas kleinem Gemüsebeet, verzehrte dort die rohen Gewächse.

Im Vergleich zu den Einkünften war alles horrend teuer. Die Versorgungsmisere verdankten wir zum großen Teil den Russen, die das Land erbarmungslos ausbeuteten. Es gab große Schweinezüchtereien, deren Erträge ausschließlich in die Sowjetunion transportiert wurden.

Mein Arzt tröstete mich. Das Kind wird sich auf der Welt ernähren. Wobei ich mich fragte: Wovon denn? Doch es kam ein pausbäckiges Mädchen mit vier Kilo Gewicht auf die Welt, und der Papa war überglücklich. Pocok erzählte dem Schwesterchen Krisztina sogleich die auswendig gelernten Märchen, die eine der Tanten ihm vorgelesen hatte.

Gebaut wurde im ganzen Land kaum, auch nichts saniert, und von den Häuserfassaden bröckelte der Putz herunter. Man hatte alles an Gebäuden verstaatlicht und in Besitz genommen, aber eine Verpflichtung des Erhalts der Bausubstanz sah man nicht. Zudem plagte den Staat die Armut, obwohl doch nun alles so herrlich im sozialistischen System sein sollte.

Die jüngere Kadergeneration brauchte aber Wohnraum, speziell in Budapest. Da entschloß man sich zu einem abscheulichen, widerwärtigen Schritt. Nicht mehr im Berufsleben stehende Menschen und sogenannte „Elemente", das waren Menschen, die den Kommunisten aus unterschiedlichen Gründen ein Dorn im Auge waren, wurden kurzerhand aus ihren Wohnungen in Budapest gesetzt und in die Provinzstädte oder auf die Dörfer evakuiert. Sie wurden einfach zu Menschen hineingezwängt, die noch einen minimalen zusätzlichen Wohnraum aufweisen konnten. Dabei lebte praktisch jede Familie schon nur noch in einem Zimmer.

Es spielten sich herzzerreißende Szenen ab. Zum Teil wurde Mobiliar veräußert oder irgendwo eingelagert, denn innerhalb von zwei Wochen mußten die beschlagnahmten Wohnung geräumt sein, und man konnte nur das Notwendigste mitnehmen. Die Polizei brachte die Personen in die entsprechenden Quartiere auf dem Land. Wenn man fragte, wie lange sie in der neuen, engen Behausung bei fremden Leuten bleiben müßten, war die Antwort zynisch. „Bis ihr die Veilchen von unten blühen seht".

Diese Aktion lief über Monate.

Wie hinterhältig sich die Kommunisten nicht nur Wohnraum beschafften, sondern sich auch Landbesitz aneigneten, konnte ich bei einer Gerichtsverhandlung mit erschütterndem Urteil erleben. Ein befreundeter Rechtsanwalt hatte mir den Zugang zum Gerichtssaal ermöglicht.

Mit seinen 100 Morgen Land hatte ein Bauer sich seit einiger Zeit geweigert, der Arbeitsgemeinschaft der Bauern beizutreten und seine

Felder dieser Genossenschaft zur Verfügung zu stellen. Nun stand er wegen unerlaubten Waffenbesitzes vor Gericht. Man hatte ihm bei einer Hausdurchsuchung einen Revolver zugeschanzt, das heißt, irgendwo versteckt und dann schnellstens wieder gefunden. Der arme Mensch hatte nie einen Revolver besessen.

Das Urteil lautete: Wegen unerlaubten Waffenbesitzes, der eine Gefährdung der Sicherheit in der Volksrepublik darstellt, wird Genosse XY zu fünf Jahren Zuchthaus und zur sofortigen Enteignung seines Landbesitzes verurteilt.

Das Gesicht dieses großen, kräftigen Mannes konnte ich nicht sehen, nur seinen Rücken, dessen Bewegung die innere Erschütterung erahnen ließ. Und ich sah, wie sich seine Hände ein paar Mal zu festen Fäusten ballten. Was ging in einem solchen Richter vor, der wissentlich die Existenz eines Menschen zugrunde richtete?

Der Volkszorn, der sich wenige Jahre später in der ungarischen Revolution, im Aufstand gegen das Regime entlud, wurde in Tausenden von solchen Prozessen gesät.

Mein Glaube an Gerechtigkeit in diesem Regime geriet aber schon Jahre zuvor mehr und mehr ins Schwanken.

Den endgültigen Verlust meines Glaubens an eine humane Daseinsberechtigung für uns in diesem kommunistischen Land entschied jener Tag, an dem plötzlich ein Mann vor unserer Haustür stand und erklärte, wir müßten unsere drei Zimmer, in denen ich mit Mann, zwei kleinen Kindern und zwei gebrechlichen Tanten wohnte, aufgeben. Als Begründung gab er an, die örtliche Parteizentrale hätte angeordnet, dieser Wohnraum stünde uns und insbesondere mir als einer Deutschen nicht zu.

Ich konnte seinen Worten anfangs nicht glauben. Aber sein verhaßter Blick, den er aus einem Auge auf mich richtete, ließ mich erschrecken. Der zweite Augapfel fehlte ihm.

Unsere Bemühungen, über Behörden die Entscheidung zu verhindern, scheiterten, denn die kommunistische Partei war die stärkere Instanz. Nach zwei Wochen öffnete die Polizei unsere Haustür und drang mit zwei Frauen in die Wohnung ein, um sie sofort zu räumen. Die weiblichen Personen packten alles zusammen, während ich die Polizeibeamten im Auge behielt, aus Angst, man könnte auch bei uns unerlaubte Gegenstände „finden". Männer luden die Möbel auf Lastwagen, dann fuhr man die ganze Familie in die Ungewißheit.

Von unserer bisherigen Wohnung weit entfernt brachte man uns in ein Haus, dessen bisherige Bewohner ich gekannt hatte. Sie hatten in einem Stall am Stadtrand noch eine einzige Kuh. Von ihnen holte ich jeden zweiten Tag einen Liter Milch. Selbst Milch war kaum zu bekommen, und ich scheute nicht den weiten Weg, um die Kinder mit dem wichtigen Nahrungsmittel zu versorgen. Die Familie in diesem Haus, vor dem ich jetzt mit all unseren Habseligkeiten stand, hatte man enteignet, sie sind nun ebenfalls evakuiert worden, und in dem Gebäude hatte man drei „Wohneinheiten" geschaffen. Uns sechs Personen fielen dabei zwei Räume des Hauses zu. Sie maßen jeweils 6 mal 8 Meter. Die Räume hatten keinen Wasseranschluß und auch keinen direkten Zugang zu einer Toilette.

Verzweifelt saß ich zwischen den umherstehenden Möbeln, nahm die acht Monate alte Krisztina und den dreijährigen Imre in die Arme.

„Was habe ich getan, daß man mich so entsetzlich haßt?", fragte ich mich. Es kamen Freunde und Verwandte und umarmten mich.

„Wir schämen uns dafür, was man dir in unserem Land antut."

Aber helfen konnte uns niemand, die Klassenfeinde der Gesellschaft waren wir. Am Abend erschien unser neuer Nachbar. Mir stockte der Atem. Es erschreckte mich nicht nur, in ihm sogleich den Einäugigen von der Parteizentrale erkannt zu haben, er prahlte auch damit, daß seine Frau bei der Geheimpolizei AVO arbeiten würde. Diese Nachbarn bewohnten den Teil des Hauses, zu dem die Küche und ein elegantes Badezimmer gehörten. Die Toilette für alle drei Wohnparteien lag in einem Gang, dessen große Fensterfronten seit langem glaslos waren.

Von den entsetzlichen Nachbarn trennte uns nur eine einfache Zimmertür, durch die man jeden Laut mithören konnte, was uns zu ständigem Flüsterton veranlaßte. Es wurde Abend. Zu nachtschlafener Zeit dann mußte ich mir durch die uns trennende Zimmertür Schmähungen anhören.

„Du elende Faschistensau hast jetzt, was dir gebührt!", so und ähnlich tönte es aus dem Nebenraum. Es begann eine für immer unvergeßliche Nacht. Ich weinte nicht. Aber innerlich zerbrach etwas in mir. Meine Seele schrie. Sie schrie nach der Heimat. Die so unendlich weit weg war. So unbegreiflich unendlich weit weg. In dieser Nacht tat sich in meiner

Seele ein Riß auf, den die Zeit nie mehr hat ganz heilen lassen. Diesen Schmerz konnte ich nicht verwinden.

Die Schmähungen und Beschimpfungen hielten in der Folgezeit noch lange an, und man drangsalierte uns, wo immer sich eine Gelegenheit dafür ergab. Unser Nachbar war ein ausgesprochener Sadist. Er bot zum Beispiel kleinen Kindern Hundekot an und sagte, es sei Schokolade. Er prügelte aus Wut seinen eigenen Hund und erhängte ihn schließlich. Niemand konnte ihm etwas anhaben, durch eine Anzeige schadete man nur sich selbst.

Die eine nervlich labile Tante landete schnell in der Psychiatrie, die andere kam in ein Altersheim, beide verstarben bald.

Aber ich wollte und mußte stark bleiben, der Wille dazu gewann in mir die Oberhand und führte zu der Einsicht, daß ein solcher „Unmensch" mich letztlich nicht demütigen kann. Als grausam mußte man auch sein Verhalten gegenüber der eigenen Familie bezeichnen, was dazu führte, daß in späteren Jahren sein Sohn den eigenen Vater erschlug. Erstaunlich und erschreckend bleibt, welcher Art von Menschen sich der Kommunismus jener Jahre bediente.

Wenn man glaubt, an die Grenzen der eigenen Hilflosigkeit zu stoßen, wenn die Seele nur noch still schreit, muß man nach anderen Wegen suchen, um Möglichkeiten zu finden, neue Lebensperspektiven zu schaffen. Einerseits konnte und mußte ich in meiner Situation mich nur den Gegebenheiten anpassen, mußte den inneren Widerstand angesichts der unausweichlichen Lage überwinden, ohne mein Gesicht ganz zu verlieren. Lange kreisten meine Gedanken um eine Verdienstmöglichkeit, um wenigstens den finanziellen Engpaß meiner Familie zu überwinden. Dazu sah ich in den kulturellen Ereignissen im Land eine Gelegenheit.

Die sowjetische Besatzungsmacht rief immerhin in einem Bereich Anerkennung in der ungarischen Bevölkerung hervor, nämlich in der Kunst. Hervorragende russische Interpreten kamen ins Land, die die Zuschauer von Oper- und Konzertaufführungen und den Darbietungen von klassischem Tanz begeisterten.

Auf meinen Wunsch sprach Bandi im Volksbildungsministerium vor und fragte an, ob man mein Diplom als Ballettmeisterin anerkennen würde, damit ich in Eger eine Ballettschule eröffnen könne. Die Antwort fiel positiv aus. Bald wurde ich zur Teilnahme an einem Ergänzungslehrgang nach Budapest einberufen, bei diesen Lehrgängen wurde die russische Ballettschule und das System Vaganova unterrichtet. Ich erhielt eine Chance, an meine künstlerische Laufbahn anzuknüpfen.

Die Trennung von den Kindern kostete mich viel Überwindung, weil ich für Wochen nicht bei ihnen sein konnte. Aber eine Verdienstmöglichkeit zeichnete sich ab. Die beruflichen Aussichten blieben bei Bandi weiterhin labil und unbefriedigend.

Die Lehrgänge, die sich acht Jahre lang in gewissen Zeitabständen wiederholten, erforderten bei fachlicher Kompetenz und politischer Schulung ein Höchstmaß an Disziplin. Der Arbeitstag umfaßte ca. fünfzehn Stunden.

Erfreulicher Weise bereitete es mir keine Schwierigkeiten, als dreißigjährige Mutter von zwei Kindern wieder stundenlang an der Ballettstange zu trainieren und gleichzeitig auch alle ungarischen Volkstänze zu studieren. Die Lehrfächer wie Kunstgeschichte, Pädagogik sowie politische Seminare rundeten den Tag bis in den späten Abend ab. Meine Kenntnisse im Bereich des Fachgebietes, aber auch die rege Anteilnahme im politischen Unterricht wurden lobenswert anerkannt. Man registrierte meine soziale Bereitschaft in der Ausbildung, Kolleginnen an Wochenenden zu helfen, die eigentlich über keine Ballettausbildung verfügten, sondern Gymnastiklehrerinnen waren.

Das staatliche Ballettinstitut in Budapest war in Ungarn eine Hochschule und das Diplom als staatlich anerkannte Ballettmeisterin und Pädagogin galt es für mich zu erreichen. Jede Zwischenprüfung legte ich erfolgreich vor dem Prüfungsausschuß des Ministeriums ab. Man fragte im Ausschuß die Lehrkräfte, wer die begabte Teilnehmerin sei, die in Tanz und Unterrichtspraxis über derlei perfekte Kenntnisse verfüge. Mit verlegenem Lächeln gestand man, daß ich eine Deutsche sei.

Mein Selbstbewußtsein wuchs allmählich, besonders als ich nach ein paar Jahren mit einer beachtlichen Dissertation in französisch und ungarisch das Diplom „Pädagogin und Ballettmeisterin für klassisches Ballett und ungarischen Volkstanz" erhielt, der dem Titel einer Professorin entsprach.

Doch schon nach dem ersten Lehrgang 1953 erhielt ich die Genehmigung zum Unterricht und kehrte glücklich zu Mann und Kindern heim, die sehnsüchtig auf mich warteten.

9.

Das Eröffnen einer Schule beziehungsweise die Beschaffung von Räumlichkeiten und geeigneter musikalischer Begleitung bereitete zunächst Schwierigkeiten, hingegen gab es sogleich zahlreiche Lernwillige, die sich zum Ballettunterricht anmeldeten, denn in Ungarn war geradezu eine Euphorie für die Ausbildung junger Mädchen im klassischen Ballett und Tanz ausgebrochen. Viele Jugendliche träumten von einer tänzerischen Bühnenlaufbahn, hervorgerufen besonders durch die Auftritte russischer Spitzentänzerinnen an den großen Ballettabenden wie „Schwanensee", „Nußknacker-Suite" oder „Giselle". Ungarische Volkstanz-Ensembles reisten in die sozialistischen Nachbarländer, boten Vorführungen auf hohem Niveau und erzielten große künstlerische Erfolge.

Besondere Anerkennung fand unter den Eltern meiner Elevinnen und in der Bevölkerung der Stadt von Anfang an meine disziplinierte Leitung der neuen Ballettschule. In öffentlichen Unterrichtsstunden boten die jungen Schülerinnen in ihren weißen Trainingskleidern ihre graziösen Übungen dar. Schon nach einem Lehrjahr bereitete ich die erste Theateraufführung vor, sie brachte mit dem Ballettabend „Die Puppenfee" einen durchschlagenden Erfolg.

Im Schnitt unterrichtete ich innerhalb eines Lehrjahres ständig 100 bis 120 Schülerinnen und Schüler, von denen nach einigen Jahren der Ausbildung manche auch die Bühnenreife erlangten. Selbst die politische Elite in Eger meldete ihre Kinder zum Unterricht an, denn die jährlichen Theateraufführungen avancierten in der Stadt zu dem künstlerischen Ereignis der Saison.

Jahre später choreographierte ich sogar ein bekanntes und in Ungarn sehr beliebtes Singspiel zu einer tänzerischen Aufführung: „János vitéz" (Der Held János) basierte auf dem gleichnamigen Märchenepos des ungarischen Nationaldichters und Freiheitskämpfers Sándor Petöfi aus dem 19. Jahrhundert. Als meine tänzerische Umsetzung dieses Märchens in Ausschnitten im Fernsehen gezeigt wurde, gewann ich die Anhänglichkeit der Bevölkerung in bis dahin ungeahntem Ausmaß. Die musikalische Begleitung zu den Aufführungen übernahm jedes Jahr kostenlos eine künstlerisch hoch begabte Zigeunerkapelle, mit der mich auf kulturellem Gebiet ein guter Kontakt verband.

Erste Unterrichtsstunde in der Ballettschule in Eger

Doch bis zu diesen erfreulichen Entwicklungen ab den sechziger Jahren des vergangenen Jahrhunderts, über die zu berichten sein wird, sollten noch Schreckenszeiten über uns hereinbrechen.

Meine erfolgreiche Tätigkeit brachte jedenfalls gleich auch familiäre Erleichterungen mit sich, Bandi erhielt eine feste Anstellung in seinem Fachgebiet als Gutachter für landwirtschaftliche Schäden bei der staatlichen Versicherung. Die Kinder erhielten später, als sie schon dem Kindergarten mit ganztägigem Aufenthalt und Verpflegung entwachsen waren, die Aufnahme in eine besonders gute Schule. Das war im damaligen Ungarn keine Selbstverständlichkeit. Solche „Privilegien", wie etwa den Besuch einer bevorzugten Schule, konnte man z. T. nur mit guten Beziehungen, das hieß auch mit der Zustimmung von Parteiorganen, erreichen.

Die Partei verfolgte Jahr um Jahr wohlwollender meine Tätigkeit in der Öffentlichkeitsarbeit, ohne daß ich bedrängt wurde, mich politisch engagieren zu müssen. Das staatliche Ballettinstitut zollte mir viel Anerkennung und lobte meinen Unterricht, wenn Fachkräfte aus Budapest die schulischen Leistungen vor Ort in Eger überprüften.

In dem großen politischen System der Ungerechtigkeit und Unterdrückung gab es jedoch keine Erleichterung, wie es mir bei einem beruflichen Lehrgang in Budapest erneut schmerzlich klar wurde. Man hatte eine außerordentlich befähigte jüdische Kollegin aus Budapest deportiert, ihre Wohnung enteignet, weil sie einen ungarischen Offizier des Zweiten Weltkrieges geheiratet hatte. Nun wohnte sie unweit meines Wohnortes auf einem Dorf unter erbärmlichen Umständen und konnte ihren Lebensunterhalt kaum decken.

In einer vertraulichen Unterredung in Budapest im Sommer 1954 bat man mich, sie aufzusuchen, von einem gesammelten Geldbetrag das Nötigste für sie einzukaufen und ihr Grüße aus der Hauptstadt zu übermitteln. Das Risiko war für mich nicht gering, Kontakt zu einer „Klassenfeindin" aufzunehmen. Es trieb uns stets der Gedanke um: Wer beobachtet wen?

Doch setzte ich mich bei Dunkelheit auf dem Bahnhof von Eger in den Zug, um sie zu besuchen. In einem schäbigen Bauernhaus fand ich sie bei fahler Beleuchtung in einem kleinen Raum. Sie weinte vor Freude über meinen Besuch, nachdem ich ihr die anfängliche Furcht über mein Erscheinen genommen hatte. Zu anderen Menschen nahm sie kaum Verbindung auf. Während meiner weiteren Besuche entwickelte sich eine herzliche Freundschaft zwischen uns, sie nahm auch regen Anteil an meiner Situation, fern der Heimat in einem kommunistischen Land leben zu müssen. Das Schicksal dieser Sári hat mich sehr berührt. Einerseits war sie als Jüdin im Krieg nur mit Glück einer Deportation in ein deutsches Konzentrationslager entgangen. Jetzt war sie für die ungarischen Kommunisten die „Klassenfeindin", ein sogenanntes schädliches Element. In diesem Regime, kennzeichnend für Diktaturen, konnte man schnell in Ungnade fallen.

Beinführung an der Ballett-Stange

Fast zehn Jahre waren seit meiner Einreise nach Ungarn ins Land gegangen, in denen mich oft das Heimweh nach dem Zuhausesein bei den Eltern plagte. Sie kannten ihre Enkelkinder nur von Fotografien, und meine jährlichen Paßgesuche zu einer Reise in die Heimat erhielten ständig die gleiche Antwort: Zur Zeit ist eine Genehmigung nicht möglich. Diese Nachricht empfand ich jedes Mal wie einen Stich ins Herz, lag doch seit Jahren in der französischen Botschaft in Budapest für mich ein nicht ablaufendes Visum für eine Einreise in die Bundesrepublik Deutschland bereit. Die Franzosen hatten die Vertretung der diplomatischen Beziehungen zwischen Ungarn und West-Deutschland übernommen, es gab keinen direkten diplomatischen Kontakt zwischen den beiden Ländern.

Oft erwachte ich nach Träumen, in denen ich auf meinen Dünen am Meer stand, das Rauschen der Wellen und den säuselnden Wind vernahm. Und dieses Erwachen war bitter. Bandi spürte meinen quälenden Schmerz des Heimwehs und versuchte mich zu trösten. Eine Klage kam nie über meine Lippen, und vor allem die Kinder durften mir nichts anmerken. Sie sollten eine unbeschwerte Kindheit haben, fröhlich mit den Freunden spielen, deren Eltern oft Kommunisten waren. Über Politik oder über meine Jugend fiel vor meinen Kindern kein Wort.

Erste Fortschritte beim Üben

Wir schrieben das Jahr 1956. Von meinem Kurzaufenthalt in Budapest heimkehrend sollte Bandi auf einer Zwischenstation, wohin ihm eine Dienstreise angeordnet wurde, in den Zug zu mir einsteigen. Während ich mich aus dem Zugfenster bemerkbar machte, ohne ihn zu entdecken, ruckte der Zug zur Weiterfahrt an. Ein Gefühl unerklärlicher Angst überfiel mich. Bis zur Ankunft fand ich keine Minute Ruhe.

Als der Zug Eger erreichte, und ich mich auf den Heimweg begab, der eine halbe Stunde zu Fuß in Anspruch nahm, wurde ich von einem Mann in Zivil verfolgt. Trotz des wärmenden Herbstmantels fröstelte es mich. Blieb ich vor einer Auslage stehen, setzte auch mein Verfolger seinen Gang nicht fort, und lief ich weiter, behielt er mich aus einem gewissen Abstand im Auge, bis ich zu unserer Wohnung gelangte.

Etwas Unerklärliches mußte geschehen sein. Mein erster Gedanke war, daß Bandi wieder verhaftet wurde. Aber warum? Wir glaubten doch in der letzten Zeit, wenigstens familiär unbehelligter als in den Jahren davor leben zu dürfen. Die Angst ließ mich nicht schlafen. Auch wenn wir, wie die Mehrzahl der Privathaushalte, damals noch keinen Telefonanschluß hatten, einen Unfall hätte man mir trotzdem gemeldet.

In dieser Nacht steigerte ich mich in eine ungehemmte Wut hinein. Das plötzliche Verschwinden von Menschen kannten wir alle. Man erlebte es wieder und wieder. Aber ich hatte doch die begründete Hoffnung, mit beruflichem Ansehen und politischem Stillhalten für unsere Ruhe gesorgt zu haben.

Die Kinder schickte ich morgens in die Schule und in den Kindergarten, lief in die Kirche, wo die Mamóka täglich zur Frühandacht weilte, riet ihr, an einem Nebenaltar sich betend neben mich niederzuknien, damit ich unbemerkt von anderen Kirchgängern ihr eine Mitteilung machen könne. Sie war erschrocken und entsetzt über die Nachricht von Bandis Verschwinden, und ich berichtete zornig flüsternd, welche Maßnahmen ich jetzt ergreifen würde.

Mein erster Weg führte zu Bandis Chef.

„Wer hat Ihnen den Befehl erteilt, meinen Mann in den Außendienst zu schicken, von dem er nicht heimgekehrt ist?", herrschte ich ihn an. „Es war die Geheimpolizei, das ist mir klar", fügte ich hinzu.

Der Chef und Parteigenosse antwortete verlegen, er hätte keine Anordnung erteilt.

„Das glaube ich Ihnen nie, mich kann man nicht täuschen", erwiderte ich.

Dann lief ich aufgebracht durch die Büroräume der staatlichen Versicherungsgesellschaft.

„Meinen Mann hat man verhaftet, das rufe ich jetzt auf der Hauptstraße aus!", verkündete ich laut den aufgeschreckten Angestellten. Dann verließ ich das Bürohaus.

In der Hauptstraße von Eger angekommen, begegnete ich meiner Pianistin, die seit drei Jahren im Ballettsaal am Klavier die Übungen und Tänze meiner Schülerinnen begleitete.

„Wegen der Verhaftung meines Mannes erteile ich heute keinen Unterricht", erklärte ich ihr mit durchdringender Lautstärke.

Verängstigt lief die mir vertraute Person in eine Nebenstraße. Wem immer an Bekannten ich auf der Straße begegnete, verkündete ich mein Vorhaben, das ich auch realisierte. Das zivile Fahrzeug der Geheimpolizei, das man aber gut kannte, pendelte die Straße auf und ab, die Insassen vernahmen mit Gewißheit meine Empörung. Selbst Bandi erfuhr im Polizeigebäude, wie er mir später erzählte, von meinen Auftritten in der Stadt. Mir war in diesen Stunden alles gleichgültig, meine Nerven konnte ich nicht mehr im Zaum halten. Die mitleidigen Blicke der Mitmenschen verrieten die Anteilnahme an einer Verzweifelten.

Nach 48 Stunden stand ein gebeugter, stoppelbärtiger, ungewaschener Mann vor mir, aus dessen eingefallenen, hohlen Augen Tränen flossen.
„Sag etwas", bat ich mit leiser Stimme. „Was ist geschehen?"
„Ich kann nicht und ich darf nicht. Aber jetzt wirst du verhaftet." Er versuchte eine zärtliche Berührung.
„Und weißt du nicht warum?" fragte ich ihn.
„Man wird es dir sagen. Doch ich glaube fest an dich."

Die Haltung der Schülerinnen wird ständig korrigiert

Nach Stunden saß dann ich in einem Raum der geheimen Staatspolizei.

In Augenblicken der Gefahr und Ungewißheit konnte ich unwahrscheinlich stark sein, wirkte ruhig, wenngleich ich innerlich zitterte. Die angebotene Zigarette lehnte ich ab, aus Furcht, sie könnte ein Betäubungsmittel enthalten. Auch von solchen Vorkommnissen hatte man gehört.

Zunächst erfolgte eine belanglose Unterhaltung, jedenfalls seitens des Kommissars, in der er meine Tätigkeit lobenswert streifte und die Anerkennung meiner Arbeit in der Bevölkerung hervorhob. Worauf er eigentlich hinaus wollte, konnte ich zunächst nicht einschätzen. Doch dann folgte die ungeheure Anschuldigung, daß ich geheime Nachrichten in die Bundesrepublik Deutschland gesandt haben sollte. Obwohl ich mich heftig dagegen wehrte, mit der Begründung, lediglich familiäre Briefe an meine Eltern geschrieben zu haben und daß man mir für die belastende Tat auch Beweise vorlegen müsse, blieb der Kommissar bei seiner Behauptung.

„Und wie sollte ich überhaupt an geheime Nachrichten gelangen? Vielleicht bei meinem Unterricht im Ballettsaal, in dem ich von morgens bis abends stehe?", fragte ich wütend. Dieser Ton schien ihm zu mißfallen. Er drohte mit der Tatsache, daß auf Verrat von Staatsgeheimnissen fünf Jahre Gefängnis stünden.

Zu seinen ständigen Erpressungen, mit denen er mich zu einer Aussage zwingen wollte, kam mir nur noch ein Gedanke in den Sinn.

„Lieben Sie Ungarn, lieben Sie Ihr Vaterland?", fragte ich ihn.

„Natürlich", antwortete er nickend.

„Und ich liebe mein Heimatland so sehr, daß ich dafür unschuldig ins Gefängnis gehe!", lautete darauf meine Antwort.

Es folgte Stille, die lange Zeit kein Laut unterbrach. Mit festem Blick sah ich in sein regungsloses Gesicht. Regungen erkannte man ohnehin nicht in den Mienen dieser Menschen.

Dann wandte er sich erneut mir zu, ohne einen Anflug von Bewegung, doch mit überraschtem Ausdruck.

„Das war eine höchst ehrenwürdige Aussage, die Sie in Bezug auf Ihre Heimat gemacht haben."

Erneut Schweigen.

Den Kopf hielt ich gesenkt, das erschöpfte Gehirn wollte nicht mehr denken. Dann fuhr er fort.

„Nun, in Anbetracht der Tatsache, daß Sie zwei Kinder haben, sehen wir von einer Inhaftierung diesmal ab. Aber wenn Sie so etwas noch einmal machen, werden Ihnen die fünf Jahre Gefängnis nicht erspart bleiben."

Das abgelaufene Verhör basierte natürlich auf einer glatten Lüge. Nur war mir augenblicklich nicht klar, gegen wen man mich ausspielte. Denn bei diesen Verhören wurde immer der Eine gegen den Anderen in Bedrängnis gebracht. Diese Taktik zeigte das wahre Gesicht eines

menschenverachtenden Regimes, solche Praktiken raubten auch den letzten Glauben an einen kleinen Rest von Humanität in diesem System.
Von mir gingen fortan nur noch Postkarten in die Bundesrepublik Deutschland.

Erst Tage später erfuhr ich die Tatsachen, die sich hinter dieser hinterlistigen Inszenierung verbargen. Denn man hatte Bandi angedroht, falls er über die Gründe seines Aufenthalts bei der Geheimpolizei zu mir spräche, würde man das Urteil über mich zum Vollzug bringen.
Stundenlang beschwor ich ihn, mir zu vertrauen, denn ich könnte mit der Qual der Unwissenheit nicht leben. Ich wollte wissen, was da passiert war, mit ihm und auch mit mir als unschuldigem Menschen.
„Mein kleines Mädchen", sagte er leise, „ich weiß, daß du unschuldig bist, so wie ich es auch bleiben will. Aber ich möchte nie dein Leben in Gefahr bringen."
Doch dann lüftete er zögerlich das Geheimnis: Man hatte ihm angetragen, verschiedene Personen, die namentlich benannt wurden, zu regimefeindlichen Äußerungen herauszufordern. Er sollte ihnen ihre politische Einstellung zum Kommunismus entlocken und ihre Äußerungen dann der Geheimpolizei preisgeben. Bei zweiwöchentlichen Treffen mit einem Kontaktmann außerhalb der Stadt sei Bericht zu erstatten.

Nachdem Bandi eine solche Aufgabe vehement abgelehnt hatte, erfand man meine angeblichen Geheimnachrichten ins feindliche Ausland. Man eröffnete ihm die Folgen. Er könne mich vor Strafe bewahren, wenn er die Spitzeltätigkeit durchführe.
Bandi bestritt die Anschuldigung, ich hätte irgendwann eine solche Tat begangen und meinte, ich wäre auch nicht dazu fähig.
Eine ganze Nacht lang ließen verschiedene Kommissare abwechselnd nicht locker, das Verhör lief pausenlos. Wenn er vor Müdigkeit nicht mehr konnte, hielten sie ihm ein Foto von mir, das er immer bei sich trug, vor die Augen.
„Lieben Sie Ihre Frau?"
Er nickte.
„Dann retten Sie sie und kommen Sie endlich unserem Anliegen

nach. Das sind Sie unserem Staat schuldig! Ein Verhör mit Ihrer Frau wird so und so noch folgen."

Als man Bandi von meinen Auftritten in der Hauptstraße informierte, entschloß er sich, dem verräterischen Plan zuzustimmen. Er nahm sich vor, niemanden zu denunzieren, sondern später falsche Angaben zu machen.

Die ganze Aktion zeigte das Mißtrauen und die Unsicherheit in der Partei gegenüber der eigenen Bevölkerung. Die Ablehnung des politischen Systems rumorte mittlerweile unterschwellig im ganzen Volk, fest zum Regime hielten fast nur noch Erzkommunisten und Menschen vom Schlage unseres sadistischen Nachbars.

Die Unzufriedenheit unter den Studenten und Arbeitern war ein offenes Geheimnis, und Verhaftungen deswegen an der Tagesordnung.

Doch Aktionen erzeugen Reaktionen. Die des ungarischen Volkes fanden am 23. Oktober 1956 ihren Ausbruch. Aber man mußte sogar bei der Geheimpolizei schon Wochen zuvor gemerkt haben, wie stark die Unzufriedenheit im Volk gärte. Denn zu den vereinbarten Treffen zwischen dem Kontaktmann und Bandi kam es nicht mehr, die Verabredungen wurden abgeblasen.

10.

Als ich an jenem 23. Oktober 1956 morgens unser Radio einschaltete, unterbrach bald eine Sondermeldung die Musik.

„Feindliche Banden aus Westen sind in unser freiheitliches Land eingedrungen, um die Macht an sich zu reißen und eine Konterrevolution auszulösen."

Dann brach die Sendung ganz ab, man hörte nichts mehr. Nach kurzer Zeit ertönten Rufe und ein Wortwechsel, den man kaum verstand. Dann wieder ertönten ungeheuerliche Parolen.

„Wir wollen frei sein! Ungarisches Volk, die Stunde der Freiheit naht! Haltet jetzt zusammen!"

Soeben wurde mir klar, man hatte wohl den Budapester Sender gestürmt, als ich auch schon Schüsse aus dem Stadtzentrum hörte. Krisztina war noch zu Hause. Ich ließ die Rollos herunter, schärfte meiner

Tochter ein, daß sie die Wohnung nicht verlassen dürfe, und lief los, um Imre aus der Schule zu holen.

Unsere Knézich Károly Straße entlang. An der Ecke das türkische Minarett. Das Kulturhaus mit der Ballettschule. Das Krankenhaus. Die Brücke über den Eger Bach.

Auf halbem Weg kam mir der siebenjährige Junge entgegen gelaufen.

„Die Lehrerin hat uns nach Hause geschickt, weil fremde Banden ins Land eingedrungen sind. Ich komme dich zu beschützen", rief er mir die neuen Nachrichten entgegen.

Da sah ich auch schon Studenten durch die Straßen stürmen, sie schwenkten die rot-weiß-grüne Nationalfahne, die sie gegen die rote Fahne mit Hammer und Sichel ausgetauscht hatten. Lastwagen mit Arbeitern fuhren durch die Stadt. Von allen Seiten ertönte vornehmlich ein Ruf.

„Wir wollen frei sein!"

Und im Chor riefen die Menschen Parolen, die man bis dahin nur im Flüsterton auszusprechen gewagt hatte.

„Wir schauen nicht nach Westen, aber möge der erblinden, der nach Osten blickt!" (Mi nem nézünk nyugatra, de vakuljon meg, aki keletre néz.)

Die Menschen schmückten sich mit kleinen Schleifen in den Farben der Nationalfahne, sogenannten Kokarden, und man forderte auch mich auf, das Gleiche zu tun, was ich schlicht mit der Begründung ablehnte, diese Ehre stünde mir nicht zu. Doch die Menschen redeten freundlich auf mich ein.

„Du gehörst doch jetzt zu uns Ungarn!"

Noch versuchte die kommunistische Miliz mit Gewalt und Schüssen die Menschen von der Straße zu vertreiben, wobei Milizionäre davonlaufenden Personen feige in den Rücken schossen. Dadurch wurden Wut und Haß der Ungarn noch stärker aufgeheizt. Sie erstürmten Waffendepots und öffentliche Gebäude sowie die Fabriken, die sie besetzten. Aus den Gefängnissen entließ man die politischen Gefangenen.

Nun fühlte sich das Volk gegenüber der Minderheit der Kommunisten in der Übermacht und war auch bereit, die neu gewonnene Freiheit mit Waffengewalt zu verteidigen.

Der freiheitlich gesinnte Politiker Imre Nagy gelangte an die Führung und rief im ganzen Land dazu auf, Ruhe zu bewahren. Es sollte den Wünschen der Bevölkerung entsprochen werden, doch die Reformen dürften, hieß es, nicht mit den Waffen erzwungen werden. Aber in einem Aufstand kennt das zuvor erniedrigte, gedemütigte Volk keine Schranken mehr!

Eine Delegation nach der anderen sprach bei Imre Nagy im Parlament vor und verlangte immer mehr politische Freiheiten. Die Angehörigen der Geheimpolizei und der Parteimiliz flüchteten angesichts der Lage in Verstecke, weil sie um ihr Leben fürchteten, wozu es allen Grund gab.

Die aufgepeitschte Spannung kochte auf dem Siedepunkt. Man war schon des einen oder anderen Geheimpolizisten habhaft geworden und hatte ihn massakriert. Ich hörte von einigen grauenhaften Szenen, wie berüchtigte Politkommissare gelyncht wurden.

Die Aufkündigung des Warschauer Paktes nutzte dann der „große Bruder", die Sowjetunion, zum Einschreiten gegen die „Abtrünnigen". Sowjetische Panzer aus den Ungarn umgebenden sozialistischen Länder rollten in das aufgewühlte Land.

Mit rot-weiß-grünen Kokarden an der Brust brach jetzt ein erbarmungsloser Kampf der Ungarn gegen die übermächtigen Eindringlinge aus. Ein über Jahrhunderte lang immer wieder von Türken, Österreichern und schließlich Russen unterdrücktes Volk rang um seine Freiheit.

Geschürt und aufgepeitscht wurde sein Freiheitsdrang auch durch den amerikanischen Sender „Freies Europa", mit Sitz in München, den wir Tag und Nacht hörten.

„Ungarn gebt den Kampf nicht auf, haltet aus, eure Freiheit naht!"

Aber zu Hilfe kam niemand. Wie denn auch. Engländer und Franzosen griffen am Suez-Kanal ein, um ihre Interessen an einer freien Schiffahrt zu wahren. Und möglicherweise wäre ein dritter Weltkrieg in einem Jahrhundert ausgebrochen, hätten die Westmächte Ungarn mit Waffengewalt unterstützt.

Tausende von Menschen flüchteten über die jetzt durchlässige Grenze nach Österreich, bei Nacht und Kälte zu Fuß oder auf dem Bauch rutschend. Die Menschen hatten ein Ziel, nur nicht weiterhin unter sowjetischer Macht leben und leiden zu müssen.

Es fuhren keine Züge mehr, man konnte sich nur zufällig mit irgendwelchen Fahrzeugen fortbewegen. Schaurige Tage folgten, ein verzweifeltes Aufbegehren um die Freiheit der Ungarn.

Man errichtete Barrikaden, versuchte sowjetischen Panzern die Weiterfahrt zu versperren. Wo die Barrikaden kettenrasselnd durchbrochen wurden, warfen junge Ungarn brennende Benzinkanister unter die Fahrzeuge, bis die russischen Tanks in Flammen aufgingen. Die Besatzung der Panzer wagte nicht die Ausstiegsklappe zu öffnen, weil man sie sofort erschoß. Hügeliges Gelände wurde mit Schmierseife bedeckt, das erschwerte den rutschenden Panzern das Fortkommen.

Sowohl die Zivilbevölkerung wie die sowjetischen Soldaten erlitten zahlreiche Verluste, unter den Ungarn selbst vierzehnjährige Schulkinder, die sich beim Aufbau von Hindernissen nützlich machten. Im ungleichen, aber heldenhaften Kampf tobte der Straßenkrieg, eine Nation versuchte sich von den Fesseln der Unterdrückung zu befreien.

Der Sicherheitsrat der vereinten Nationen tagte, dessen Sitzung wir nachts bis in die frühen Morgenstunden im Radio verfolgten. Aber es gab keinen konkreten Beschluß.

Ein zahlenmäßig kleines Volk konnte der starken Übermacht nicht lange Widerstand leisten. Schließlich walzten die Panzer alles nieder.

Nach einigen Tagen der Hoffnung brach der Kampf der Ungarn zusammen, die Revolution hatte ein blutiges Ende gefunden. Budapest glich in manchen Gegenden dem Anblick wie nach dem Zweiten Weltkrieg. Die ohnehin noch immer sichtbaren Einschüsse aus der Vergangenheit an den Häuserfronten bekamen neue Spuren aus den wilden Schießereien bei der Niederschlagung der Revolution. Ausgebrannte Panzer und Tote fand man im Straßenbild, und die Menschen trauten sich nicht mehr aus den Häusern.

Eine Diktatur hatte Europa in der ersten Hälfte des 20. Jahrhunderts ins Unheil gestürzt, die andere begrub anschließend den Freiheitswillen vieler europäischen Völker und reagierte mit brutaler Gewalt auf das Aufbegehren des ungarischen Volkes.

Die Erinnerung an diese Tage im Herbst 1956 löst in mir noch immer ein Gefühl des Schauderns aus. Wenn mich die Vergangenheit mit ihren erschütternden Erlebnissen zu bildhaft einholt, weiß ich um den Preis der Erinnerungsarbeit, den ich beim Schreiben oft zahlen mußte.

Eine Zeit deprimierender Unsicherheit und Lethargie folgte auf die Niederschlagung des Aufstands, der „gewohnte" politische Druck auf das Volk setzte sich fort, denn man hatte einen neuen sowjetischen Vasallen eingesetzt, János Kádár. Der reformwillige Imre Nagy wurde als sogenannter Konterrevolutionär zum Tode verurteilt. Viele Bürger, die sich aktiv am Aufstand beteiligt hatten, erhielten Gefängnisstrafen, und die Menschen lebten wieder in schweigsamer Zurückgezogenheit. Erst mit den Jahren entwickelte sich unter János Kádár allmählich eine gemäßigtere Form des Kommunismus, die liberale Züge aufwies und im Westen den Namen „Gulaschkommunismus" erhielt.

Eine Fluchtmöglichkeit für uns gab es während der Revolution nicht. In den ersten Tagen hoffte Bandi, wie mit ihm viele Ungarn, der Aufstand werde den Weg zur Freiheit bahnen. Als der Zusammenbruch abzusehen war, in Budapest die Straßenkämpfe Tote forderten, wäre es für uns aus dem Osten Ungarns zur österreichischen Grenze zu weit gewesen. Die Entfernung von über 300 Kilometern ohne Verkehrsmittel mit zwei kleinen Kindern zurückzulegen erschien uns aussichtslos. In jenen Tagen verlor ich durch die seelischen Erschütterungen mein drittes Kind.

11.

Die sowjetische Führung mußte erkannt haben, ihre kommunistischen Ideale mit einer Gewaltherrschaft in Ungarn nicht durchdrücken zu können. Im Laufe der Zeit schränkte man die ständige Glorifizierung der Sowjetunion und deren Führer ein, den Personenkult löste eine russisch-ungarische Freundschaft ab, dem neuen ungarischen Ministerpräsidenten gestand man mit den Jahren immer mehr nationale Rechte zu.

Die Partei wurde schon bald von jenen gewalttätigen Kadern „gesäubert", die ihre Befugnisse – so hieß es auf einmal – in der Vergangenheit überschritten haben sollten. Die Beamten der Geheimpolizei verschwanden, wurden versetzt in andere Städte, wo die Bevölkerung sie nicht kannte. Der Kommandoton verwandelte sich in eine eher freundliche Ansprache gegenüber den Bürgern, man bemühte sich, eine menschlichere Phase einzuleiten.

Als ein freiheitliches Leben konnte man die wenigen Ansätze nicht bezeichnen. Auch in dieser Zeit wurde ein Paßgesuch in den Westen abgelehnt, so wie ein Visum für meine Eltern zum Besuch in die Volksrepublik Ungarn verweigert. Niemals habe ich begreifen können, mit welcher Überzeugung Kommunisten ihre Ideologie gegenüber den westlichen Ländern als die menschengerechtere behaupten und vertreten konnten, wenn sie doch mit Gewalt die Menschen im Ostblock wie in großen Gefängnissen eingeschlossen hielten. Warum sollte niemand den Westen kennen lernen? Wir hermetisch Abgeriegelten wußten es schon, denn kommunistische soziale Gerechtigkeit für alle Menschen basierte nicht auf einem Lebensstandard zu möglichem erreichbarem Wohlstand, sondern in gleichmäßiger Armut für alle Bürger.

Eine Bekannte von mir erhielt gelegentlich Pakete aus der Schweiz. In den Sendungen wurden heimlich Zeitschriften und Journale mitgeschickt, sie informierten uns recht gut über den westlichen Standard. Die Gefahr allerdings, daß die Pakete geöffnet, die darin versteckten Druckerzeugnisse konfisziert wurden, und schließlich mit der entsprechenden „Begründung" auch die Pakete selbst unterschlagen wurden, war zu groß. Deswegen enthielten Sendungen von meinen Eltern zu Weihnachten oder zu anderen Anlässen keine Presseerzeugnisse.

Das ungarische Volk, freiheitsliebend und national gesinnt, ohne zum Chauvinismus zu neigen, hat nie in einer Diktatur oder aufgezwungenem Machtanspruch Wurzeln gefaßt. In der Amtszeit des neuen Ministerpräsidenten setzte nach einigen Monaten der Revolution langsam eine Form der Entspannung zwischen den Parteiorganen, die alle staatlichen Institutionen lenkten, und der Bevölkerung ein.

Selbst mein übler Nachbar, ein kleines Rädchen im Systemgetriebe, fand zu einem gemäßigten Ton und die Beleidigungen blieben aus. Unser Gesuch beim staatlichen Bauamt, daß die einfache Zimmertür, die uns von der Wohnung dieses Nachbarn trennte, endlich zugemauert wird, wurde nicht nur genehmigt, sondern man beschloß, aus unseren zwei großen Räumen eine ordentliche Zweizimmerwohnung mit Eingangsdiele zu erstellen.

Der Onkel Josef, Bauingenieur beim Bauamt, setzte sich mit aller

Macht für einen kostenlosen Umbau ein. Nach fünf langen Jahren hatten wir eine Wohnung mit Bad und Küche, und wir konnten uns unterhalten, ohne befürchten zu müssen, daß nebenan alles mitgehört wird.

Ich konnte es nicht fassen, wie man mich plötzlich hofierte. In den Frauenrat der Partei lud man mich zu Zusammenkünften ein, beschenkte mich dort zu gegebenen Anlässen mit Büchern und bat mich um Vorträge über musikalische Werke, Ballett, Tanz und aus der Kunstgeschichte. Aus Budapest holte man Rundfunkreporter zwecks Interviews mit mir über meine Tätigkeit, über die erfolgreiche Ausbildung in der Ballettschule und über meinen Einsatz im sozialen Bereich. Die Interviews, in deutscher Sprache geführt, fanden in der hübsch ausgebauten Wohnung statt. Hierbei ließen die Reporter nicht unbeachtet, die gemütliche Atmosphäre des Wohnraumes zu erwähnen, sowie meine kleidungsmäßig elegante Erscheinung zu betonen. Weder der Reporter noch ich verloren ein Wort darüber, daß dieses modische Äußere ausschließlich westdeutscher Produktion entstammte. Sehr überlegt äußerte ich mich zu den gestellten Fragen, war mir doch klar, man würde die Sendung auch nach Westen ausstrahlen, um zu dokumentieren, wie lebt eine Deutsche hinter dem „Eisernen Vorhang". Manchmal hatte ich das Gefühl, man benutzte mich zu gewissen propagandistischen Zwecken für das kommunistische Regime, um die Gleichberechtigung aller Bürger, auch anderer Nationalitäten, in einer sozialistischen Gesellschaftsordnung zu beweisen. Doch der Versuch einer ausgleichenden „Wiedergutmachung" für die erduldeten Schmähungen und Angriffe, die ich erfahren hatte, konnten keine Basis für das verloren gegangene Vertrauen mehr schaffen. Meine Erfahrung und Überzeugung war und ist konstant geblieben: Diktaturen sind auch in ihrem Wandel, ob bei zeitweiliger Lockerung im System oder bei wiederkehrender Härte, immer unberechenbar und grausam. Für mich galt es, auf der Welle der Erleichterungen mitzuschweben, die erfolgreiche Arbeit fortzuführen und nirgendwo anzuecken.

Ein Brief meiner Mutter kündigte an, daß meine Eltern ein Einreisevisum nach Ungarn erhalten hatten.

Ein Wiedersehen nach fünfzehn Jahren des verzweifelten Wartens!

Wie konnte das geschehen? In einem Brief an den Ministerpräsidenten von Ungarn hatte sie zum Ausdruck gebracht, daß jede Mutter das

Recht hätte, ihr Kind im Gefängnis zu besuchen. Doch ihre Tochter und ihr Schwiegersohn würden als unbescholtene Bürger in Ungarn leben. Warum also hätte sie nicht das Recht ihr Kind nach fünfzehn Jahren wiederzusehen? Die Antwort des Ministerpräsidenten lautete, meine Mutter möchte erneut einen Antrag auf ein Einreisevisum stellen, dem die Behörden dann 1960 zugestimmt hatten.

Tage und Wochen voller Spannung in freudiger Erwartung und die Vorbereitung hielten uns in Atem bis zur geplanten Einreise meiner Eltern im Mai des Jahres. Unzählige Gedanken beschäftigten mich. Wie Vater und Mutter sich wohl verändert haben, ja ob ich sie überhaupt vor Aufregung wiedererkennen würde, wenn der Zug auf dem Budapester Ostbahnhof (Keleti pályaudvar) eintreffen würde. Natürlich vergißt auch ein vierzigjähriges „Kind" nicht die lieben Gesichter der Eltern, verbunden mit Erinnerungen an Kindheit, Jugend und Ausbildung, an die ich voll Dankbarkeit zurückschaute.
Verwandte und Freunde in Budapest wollten Zeugen dieses Wiedersehens werden und erwähnten, sie würden sich hinter Säulen und Waggons im Bahnhofsgebäude verstecken, um unbemerkt und ohne zu stören diesen außergewöhnlichen Augenblick miterleben zu können.
Die Kinder sollten in Eger warten, nun schon elf und neun Jahre alt, weil wir erst gegen Mitternacht die Stadt erreichen würden. Mit ihnen hatte ich gemeinsam Girlanden geflochten, die ein Transparent umrahmten, auf dem in deutscher Sprache stand:

Herzlich Willkommen
in Ungarn!

Es kam der Tag und auch die Stunde, als wir auf dem Bahnsteig warteten, ich fest Bandis Hand umklammerte und wir dem einrollenden Zug entgegen sahen. Es war der schmerzlich schönste Augenblick in meinem Leben, als sich ein Fenster im Waggon öffnete, aus dem zwei alte Leutchen winkten.
„Wir haben es geschafft!", rief der Vater lächelnd.
Ungeachtet der uns erstaunt anblickenden Menschen umarmten wir uns lange, während Tränenströme aus den Augen flossen und wir zärtlich unsere Gesichter streichelten.

Hebeübung im Ballettsaal

Den Kindern hatte ich hinterlassen, sie sollten zu gewohnter Zeit schlafen gehen, und bei unserer Ankunft würde ich sie wecken. Aber Imre hatte das Öffnen des Haustores gehört, Krisztina geweckt, und da standen sie beide beim Eintreten in die Wohnung in ihren Schlafanzügen und begrüßten die nie gesehenen Großeltern mit einstudierten Sätzen in deutscher Sprache.

Unser gemeinsames Glücklichsein war unbeschreiblich, und die zahllosen mitgebrachten wertvollen Geschenke eine ungeahnte Bereicherung für die Familie. Wenn man in Ungarn von der Bevölkerung geschätzt und geachtet unter ihr lebt, kennen die Menschen in ihrer Anhänglichkeit und liebenswerten Gastfreundschaft kaum Grenzen. So gut wie in der ganzen Stadt wußte man von diesem geradezu unglaublichen Wiedersehen. Die kleine Wohnung füllte sich von Tag zu Tag mit

Blumensträußen zur Begrüßung, und die Einladungen häuften sich in nicht durchführbarer Anzahl. Die einfacheren Menschen sprachen von einem „Wunder", denn es gäbe in der Stadt „echte Westdeutsche". Ein privater Besuch aus der Bundesrepublik Deutschland stellte damals auch tatsächlich eine Sensation dar. Jeder bot seine Hilfe an, damit ich außer dem Unterricht mich nur den Eltern widmen konnte. Viel Wein und die feinsten selbstgebackenen Kuchen sandte man zu uns ins Haus, um dem freudigen Mitgefühl Ausdruck zu verleihen. Eine wahre Liebesbezeugung war unter der Bevölkerung ausgebrochen, der meine Eltern oft fassungslos gegenüber standen.

Die stillen Abende im glücklichen Beisammensein füllten die Gespräche über vergangene Jahre, über das Leid, das beide Teile durchlitten und durchkämpft, sowie die kleinen Höhepunkte, die beide Seiten getrennt erlebt hatten. Gemeinsame Erinnerungen verzauberten uns in die Zeit längst vergangener Tage, brachten mir die Heimat nah, die ich immer in meinem Herzen trug. Wer kann es schon nachvollziehen, wie das ist, so viele Jahre lang keinen Menschen fragen zu können: „Weißt du noch, wie wir durch en lichtgrünen Wald radelten? Weißt du noch, wie wir auf den Dünen zum Meer standen und der rote Sonnenball im Wasser versank? Weißt d noch, wie bitter ich weinte, als meiner kleinen Puppe der Kopf zerbrach?"

Ja, das Weißt-du-noch warf unzählige neue Fragen auf. Die gemeinsame Freude deckte der Schatten der Gewißheit zu, einen Gegenbesuch nicht erwidern zu können, wobei Bandi häufig betonte, wie gern er wieder in Deutschland leben würde. Mein Vater versprach, alles bei den deutschen Behörden für die Genehmigung einer Einwanderung in die Bundesrepublik zu regeln, warnte uns jedoch, keine unbedachten Schritte hinsichtlich eines illegalen Versuchs, Ungarn zu verlassen, in Betracht zu ziehen. Aber dazu gab es ohnehin keine Möglichkeit. Auch hätte ich von meinen Kindern niemals das Opfer verlangen wollen, das ich selbst seit Jahren ertrug, daß sie ihre Heimat verlieren würden. Trotz des wundersamen Besuchs meiner Eltern mußten wir damals mit der festen Überzeugung leben, der „Eiserne Vorhang" werde auf sehr lange Zeit undurchlässig bleiben. Hätte für uns überhaupt eine Möglichkeit zur Flucht in den Westen bestanden, so hätten mein Mann und die Kinder auf unabsehbare Zeit auf ihre Heimat verzichten müssen.

Die Ausflüge in die von Weinbergen umgebene Stadt und die nahe gelegenen Gebirge Bükk und Mátra riefen besonderes Gefallen bei unserem Besuch hervor, während ein Spaziergang durch die Innenstadt, trotz monumentaler und barocker Gebäude, einen eher bedrückten Eindruck bei meinen Eltern hinterließ.

„Es sieht alles so verfallen und vernachlässigt aus", sagten sie, während wir uns an den Anblick der Häuser gewöhnt hatten und uns der Verfall nicht mehr auffiel.

Die Ballettschule von Eger präsentiert sich auf der Bühne

Wenn täglich die Postkutsche, mit altem Gaul vorgespannt, in unsere holprig gepflasterte Knézich Straße einbog, vorbei am türkischen Minarett, dem einzig in Ungarn erhaltenem Gebetsturm, den die Türken nach 150jähriger Besatzungszeit zurückgelassen hatten, empfand mein Vater die Freude, eine längst vergangene Epoche nachzuvollziehen. Stolz entstieg der Postbote dem Gespann, um Briefe und Pakete zu verteilen, die uns die Jahre davor so häufig aus Deutschland erreichten.

Der Fortschritt hinkte in vielen Bereichen in Ungarn der Zeit hinterher, leider aber nicht der Zeit unseres Abschiednehmens.

Nach Wochen stand ich wieder auf dem Budapester Ostbahnhof, diesmal allein, und sah dem sich entfernenden Zug nach, der die Eltern gen Westen in die Freiheit fuhr. Wenngleich mich Traurigkeit erdrückte, so empfand ich auch Dankbarkeit für das geschenkte Glück des Wiedersehens in meinem mir aufgezwungenen Leben. Noch lange schaute ich auf die leeren Gleise, auf denen der Zug entschwunden war und dem ich gern gefolgt wäre, um einen Hauch von der Freiheit zu spüren.

Eine Szene aus dem ungarischen Singspiel „Der Held János"

Häufig saßen Bandi und ich bis zu später Stunde beisammen, ließen die vergangenen Wochen mit meinen Eltern aufleben und malten uns ein Leben im Westen aus, das man uns offen geschildert hatte. In allen unseren Gesprächen fand die Zukunftsperspektive für die Kinder eine ausschlaggebende Rolle. Welche Möglichkeiten einer beruflichen Ausbildung konnte im Arbeiter- und Bauernstaat gewährleistet sein für Kinder, die nicht aus den „geeigneten" Familien stammten? Steuerte es weiter auf eine Ära des gemäßigten Kommunismus zu? Wie leicht konnte der Kurs in eine andere Richtung umschwenken, zu Härte und Unnachgiebigkeit zurückkehren. In einem Land mit totalitärem Staatsgefüge blieben die Hoffnungen auf eine freie Berufsentscheidung eine vage Vorstellung. Diese Realität beschäftigte oft unseren miteinander übereinstimmenden Gedankenaustausch.

12.

Schneller als wir es für möglich hielten ergaben sich neue Lichtblicke. Meine Aufmerksamkeit bewegte die Nachricht von einer Familie, die eine Auswanderung in den Staat Israel erhalten hatte. Des öfteren war ich bei der Familie eingeladen, deren Tochter seit geraumer Zeit zu meinen Schülerinnen zählte, und die Eltern berichteten über ihr baldiges Ausscheiden aus der Schule. Mich interessierte stark, wie eine Genehmigung zur Auswanderung erfolgreich zustande kommen konnte? Vereinzelt hörte man auch davon, daß Pässe bewilligt wurden, zum Beispiel für eine einmalige Reise in westliche Länder zu medizinischen Kongressen. Doch es war noch die Ausnahme. Niemand hatte, wie heutzutage üblich, seinen Reisepaß jederzeit griffbereit zu Hause, er mußte Reise für Reise beantragt werden, und meine jährlichen Gesuche um ein Reisedokument wurden stets abgelehnt. Nun sollte ich Hilfe bekommen für die Erlangung eines Reisepasses bzw. zur Durchsetzung der Reisegenehmigung, denn ich erhielt die Anschrift und Telefonnummer eines Herrn, der mit der Abteilung für Paßgesuche im Innenministerium zusammenarbeitete. Bedingung war größte Verschwiegenheit über diesen Kontaktmann.

Bei meinem nächsten beruflichen Aufenthalt in Budapest beabsichtigte ich, ein Treffen mit diesem Herrn zu erreichen, was mich als Deutsche in eine gewisse Verlegenheit brachte. Der besagte Vermittler war ein ungarischer Jude, der nun einer Deutschen helfen sollte. Unsicherheit empfand ich einem mir unbekannten Menschen gegenüber, dessen Volk man ein unendliches Leid zugefügt hatte. In meinem Herzen fühlte ich mich irgendwie für meine deutschen Landsleute und ihre Verbrechen mit verantwortlich. Immer wieder prägte man mir ein, welche Schande die Deutschen über europäische Völker gebracht hatten. Doch ich vertraute andererseits bei dem Kontaktmann auf beiderseitiges Verständnis füreinander, unterstützt durch die Empfehlung der auswanderungswilligen jüdischen Familie.

Der Treffpunkt war am Vormittag zu einer genauen Uhrzeit in einer Konditorei vereinbart. Da wir uns ja nicht kannten, gab es eine Absprache darüber, wer wie gekleidet sein würde. Es war in Budapest üblich, sich zwanglos in Konditoreien für private wie auch geschäftliche Verabredungen zu treffen. So wußte ich den Unbekannten in grauem Anzug mit blauer Krawatte zu finden, und er konnte mich an einem rosa Kostümkleid erkennen. Kaum hatte ich mich an einen abseits gelegenen Tisch gesetzt, um mich unbemerkt umzuschauen, stand ein eleganter Herr mittleren Alters vor mir, begrüßte mich freundlich und bat, Platz nehmen zu dürfen. Unsere Namen kannten wir durch die telefonische Verabredung, aus der mein ungarischer Name nichts über meine deutsche Herkunft aussagte. Von Beruf war Herr S. F. Rechtsanwalt und hörte meinen Ausführungen aufmerksam zu, zeitweise mit einem verspielten Lächeln um die Lippen. Mit gelassener Selbstverständlichkeit nahm er mein Anliegen, meinen Wunsch, in die deutsche Heimat zu gelangen, zur Kenntnis. Für den Erhalt eines Reisepasses nach Westdeutschland sah er durchaus Chancen. Für eine Auswanderung sei die Zeit allerdings noch nicht reif, und die Möglichkeiten hierfür würden ständig hin und her schwanken. Er würde mich telefonisch über die Entwicklungen auf dem Laufenden halten. Zunächst, riet er, solle ich einen Reisepaß beantragen, für den das Gutachten über meine Person von den örtlichen Behörden ausschlaggebend und dann im Innenministerium mit anwaltlicher Hilfe seinerseits erfolgversprechend sei. Das bedeutete für mich wahrlich einen Lichtblick, denn der örtliche Paßbeamte war mir zugetan, weil ich seine Tochter, eine begeisterte Schülerin von mir, schon seit einiger Zeit unterrichtete.

In angenehmer Übereinstimmung beendeten wir unsere Unterredung, für die aufrichtige Hilfe und Einschätzung der derzeitigen Lage dankte ich dem Anwalt. Ich hatte bei ihm das Gefühl, sein menschliches Entgegenkommen schließt Repressalien aus für ein vergangenes Unrecht, zu dem ich persönlich in keiner Weise beigetragen hatte.

Die beruflichen Zusammenkünfte in den Lehrgängen lösten unter uns Kolleginnen, die wir im Land verstreut unserem Unterricht nachkamen, immer die Freude des Wiedersehens aus. Dieses Mal erfreute mich die unerwartete Begegnung mit meiner Freundin Sári, die plötzlich aus ihrer Evakuierung nach Budapest zurückkehren durfte und mich stürmisch mit den Worten umarmte, nie zu vergessen, was ich für sie getan hätte – wo mir doch mein Tun als selbstverständlich erschienen war. Wahrscheinlich hatte für sie meine letzte geheime Nachricht aus

Budapest, der Satz „Der unglückselige Stern ist erloschen", über dessen Bedeutung ich mir keine Vorstellung machen konnte, sie zu neuen Hoffnungen bezüglich einer positiven Entwicklung beflügelt, die sich dann auch schnell erfüllen sollten.

Der Gellért-Berg, ein Felsmassiv, direkt an der Donau gelegen, beherbergte uns Studentinnen während der Lehrgänge in kleinen, zellenartigen Räumen, die in den Felsen hinein gehauen waren. Diese klausurartigen Felsenzellen bewohnten vormals Mönche, denen man die urige Behausung mit vorgelagerter schöner Gartenanlage und vielen Wendeltreppen hinauf zum Zellenbereich enteignet hatte.

Die Tagesstunden verbrachten wir mit dem Unterricht im Staatlichen Ballettinstitut gegenüber der Staatsoper, der wir auch mal abends einen Opernbesuch abstatteten oder die schöne Opernfreilichtbühne auf der Margareten-Insel, in den Donauarmen gelegen, besuchten. Meistens jedoch lernten wir am Abend in unseren Zellen für die umfangreichen Prüfungen. Eine Straße trennte uns von dem ebenfalls an der Donau gelegenen Gellért-Hotel, wohin man gerne zwischendurch auf einen Espresso hinüber lief.

An einem Spätnachmittag, dort meinen kleinen Kaffee schlürfend, vernahm ich am Nebentisch eine aufgeregte Unterhaltung in deutscher Sprache, aus der ich ungewollt entnehmen konnte, daß die Gesprächspartner sich in einer heiklen Situation befanden. Sie ärgerten sich, hier in Ungarn auf einer Reise von Ostdeutschland (DDR) nach Bulgarien festzusitzen und nicht einmal einen Forint für ein Getränk in der Tasche zu haben. Als ich den beiden Herren gegebenenfalls meine Hilfe anbot und sie gleichzeitig zu einem Kaffee einlud, berichteten sie, ihr Durchreisevisum durch Jugoslawien sei abgelehnt worden und die Botschaft der Deutschen Demokratischen Republik (DDR) verhandle jetzt mit der Botschaft Rumäniens wegen eines Durchreisevisums. Sie wollten zu einem Künstleraustausch nach Bulgarien und hier im Hotel sollten sie auf die Genehmigung warten. Was für eine Überraschung erwartete mich, als sich herausstellte, daß die Herren der Weimarer Kunstakademie angehörten, unterwegs, sich mit bulgarischen Künstlern der gleichen Fachgruppe auszutauschen. Innerhalb der Ostblockländer genehmigte man den Reiseverkehr, Jugoslawien war ein Sonderfall.

Nach der Freude über diese Zufallsbegegnung setzte ein reger Gedankenaustausch ein, bei dem ich nach dem Maler Michaelis, genannt Mimi, fragte, der mich auf einem Gemälde in Weimar gemalt hatte. Ich erhielt die Auskunft, der Professor Michaelis unterrichte in Dresden an der Akademie für bildende Künste, besuche oft Weimar, wo die beiden Künstler ihn auch wieder träfen. Vor meiner Verabschiedung übermittelte ich Grüße an den schon in meiner Weimarer Zeit befähigten Maler, mit der Bitte um Nachfrage, was aus dem Gemälde „Das Mädchen mit der Gitarre" in der Münchner Kunstausstellung geworden sei und gab den Zufallsbekannten meine Anschrift mit.

Mein Gesuch für einen Reisepaß hatte ich kurz nach meiner Rückkehr von Budapest eingereicht und den Anwalt verständigt. Im Antrag bat ich, die Reise mit einem Kind antreten zu dürfen und falls dafür eine Genehmigung nicht gegeben sei, nur für meine Person den Paß auszustellen. Eine längere Wartezeit kalkulierte ich ein. Die Parteigenossen ließen sich in solchen Angelegenheiten Zeit.

Man war wohl der Ansicht, eine Ehefrau verlasse eher ihren Mann als eine Mutter ihre Kinder. Für die Kommunisten bedeutete es eine große Schlappe, wenn jemand aus dem Westen die Rückkehr nicht mehr antrat. Mißtrauen war auch angesagt, begründet durch die Erkenntnis, daß während der Revolution viele Ungarn, besonders die jüngere Generation und sogar Funktionäre das Land verlassen hatten. Man hatte inzwischen für die Dissidenten eine Amnestie in die Wege geleitet, die zur straffreien Rückkehr nach Ungarn aufrief. Dieser „Einladung" leistete aber so gut wie niemand Folge.

Bandis Gutachtertätigkeit verlangte einen häufigen, beständigen Außendienst, es gab oft Schäden in den Weingebieten sowie im Obst- und Getreideanbau. Die sehr heißen Sommer in Ungarn verursachten reichlich Gewitterhagelschäden, aber auch durch Schädlinge konnte es vielerorts zu Ernteeinbußen kommen.

So verbanden nur die Wochenenden die Familie.

Abende des Alleinseins empfand ich jedoch nicht als Einsamkeit, sondern eher als Stunden stiller Besinnung, die ich bei einem Glas Wein und dem sich kräuselnden Dunst einer Zigarette genoß. Wenn die kurzen Abendstunden gemeinsam mit den Kindern in lustiger Übermütigkeit ausklangen, gehörte der sich neigende Abend mir.

Oft saß ich auch halbe Nächte vor den Noten klassischer Komponisten, um ihrer Musik mit den festgelegten Schritten, Attitüden, Pirouetten und Sprüngen des Balletts Ausdruck zu verleihen. Hierbei konnte ich mein kreatives Potential und meine Phantasie ausleben und umsetzen. Tanz verfügt nicht über Worte, aber eine starke körperliche und mimische Ausdruckskraft. Die Musik vor mich hin summend, choreographierte ich sie in tänzerische Motive, die ich tags darauf meinen jungen Tänzerinnen zur Einstudierung vortanzte. Nicht selten trat eine kleinere Gruppe der Schule bei Feierlichkeiten sowie im Theater der Stadt auf. Mein Einfallsreichtum fand bei meinen Schülerinnen und dem Publikum entsprechenden Anklang.

Gern suchten Bandi und ich an unseren gemeinsamen Wochenendabenden die hervorragende Zigeunerkapelle auf, die mich mit ihren ungarischen Weisen faszinierte. Nach unserem Erscheinen im Restaurant setzte der Zigeuner-Primas sofort zu meinem Lieblingslied an, und ich dankte ihm mit einem lächelnden Kopfnicken. Manchmal besprachen wir auch kurzfristige Termine gemeinsamer Zusammenarbeit.

Unter den ungarischen Tänzen liebte ich am meisten den Csárdás, der in verhaltenem Rhythmus anklingt und sich in ein leidenschaftliches Tempo steigert. Mein Leben gehörte dem Tanz in allen Variationen.

13.

Die jährlichen Ballettabende im Theater, die den Abschluß eines Lehrjahres bildeten, erforderten eine Vielzahl an Vorbereitungen. Sie stellten mich immer wieder vor große Herausforderungen.

Ein Lehrjahr in der Ballettschule umfaßte die Zeitspanne von September bis Ende Juni des darauffolgenden Jahres. Es galt, über 100 Schülerinnen und Schüler unterschiedlicher Altersstufen zu instruieren, sich ihren Fähigkeiten und Talenten entsprechend in einer zweistündigen Vorstellung auf der Bühne tanzend zu bewegen.

Schon Monate vor dem festgelegten Zeitpunkt begann ich mit der Planung. Zunächst ging es um die Auswahl des Themas. Sollte es ein inhaltlich zusammenhängendes Ballett werden oder sollte die Aufführung aus verschiedenen Tanz-Kompositionen bestehen? Zeitweilig verwendete ich Geschichten und Märchen als Handlungen meiner Choreographie. So bearbeitete ich zum Beispiel die schönen Grimmschen Märchen „Schneewittchen", „Dornröschen" und andere. Oft erfand ich auch eigene Inhalte für eine Tanzkomposition. Danach folgte die Suche und Auswahl musikalischer Werke. Stapelweise durchforstete ich mit meiner Pianistin klassisches Notenmaterial. Geduldig spielte mir die gute Kollegin, die all die Jahre in der Ballettschule meine einzige Mitarbeiterin war, die Stücke vor, während ich am Überlegen einzelner Schritte, Bewegungsabläufe, Sprünge war.

Die Tanzgruppe holt ihre Ballettmeisterin auf die Bühne

Schon Anfang des Jahres begannen die Schülerinnen neugierige Fragen an mich zu richten, was wohl an den großen Abenden Ende Juni auf dem Programm stehen würde. Im Umkleideraum hörte ich sie, wie sie sich untereinander berieten und sich den Kopf darüber zerbrachen, wer bis zur Aufführung schon im Spitzenschuh auf der Bühne tanzen werde, wem eine besondere Rolle zufallen würde. Eifrig trainierten sie im Ballettsaal, um ihr Können als Tänzerinnen später vor dem Publikum unter Beweis stellen zu dürfen.

Ausgebildete Tänzerin der Ballettschule Eger

Noch aber stand ich allein mit den Vorbereitungen im Ballettsaal, um ein klassisches „pas de deux" auszuarbeiten. Vielleicht auch mal einen lustigen Holzschuhtanz aus Lortzings Oper „Zar und Zimmermann" zu choreographieren oder für die fortgeschrittenen Jahrgänge den „Feuertanz" von de Falla tänzerisch in Szene zu setzen. Am späten Abend saß ich vor dem Schachbrett daheim und schob die Figuren als tanzende Gruppen auf „meiner kleinen Bühne" hin und her.

Einmal entschloß ich mich, die schöne Musik des Singspiels „János vitéz" (Der Held János) mit den von mir ausgewählten und dafür geeigneten Melodien aus dem Stück für ein Ballett zu choreographieren. Das Singspiel begeisterte im ganzen Land die Bevölkerung, in einer

Tanzversion kannte man es jedoch noch nicht. Eltern wie Schüler waren von meinem Plan begeistert.

Nun begannen neben dem gewohnten ganzjährigen Training auch Proben zum Ballettabend. Gruppenweise gab es Besprechungen mit den Müttern der Schülerinnen. Jeweils nach Einteilung ihrer Kinder entwarfen wir die Kostüme gemeinsam. Mit großem Ehrgeiz – die Kostüme konnten gar nicht schön genug sein – saßen die Mütter nach einem arbeitsreichen Tag an den Nähmaschinen. Die zeichnerisch begabten Väter sorgten für handgemalte Plakate. Wir waren viel auf Selbsthilfe und Improvisation angewiesen, denn es gab keine entsprechende finanzielle Unterstützung.

Im Theater traf ich die Auswahl der Kulissen und besprach mit dem Beleuchter entsprechende Lichteffekte. Schließlich begannen auch die Pianistin und die liebenswerte Zigeunerkapelle mit den musikalischen Proben. Die gesamte organisatorische Arbeit lag in meinen Händen und bedeutete Tag für Tag ein großes Ausmaß an Arbeitsaufwand. Die Liebe zum Ballett-Tanz ließ mich keine Überforderung spüren.

Dem Ereignis fieberten alle Beteiligten bis zum großen Abend der Premiere entgegen. Welche Freude empfanden die Schülerinnen und junge Tänzer, wenn sie von geübter Hand geschminkt, frisiert und in die hübschen Kostüme gesteckt wurden!

Endlich ging der Vorhang auf.

Für sie.

Die jungen Tänzerinnen.

Perfekte Tänzerin der Ballettschule Eger am Beginn ihrer Karriere

Während ich, die Ballettmeisterin, in der Kulisse stand und mir die Zeit der eigenen tänzerischen Karriere flüchtig ins Gedächtnis zurück rief. An diesen Abenden galt jedoch der Applaus eines vollbesetzten Theaters der jüngeren Generation.

War das wirklich so? Oder waren Bühne, Kunst, Ballett eine große, ununterbrochene Einheit?

Der Vorhang im Theater von Eger öffnete sich schon viele Male, wieder und wieder bedankten sich die jungen Künstlerinnen für den Applaus. Die Bravo-Rufe häuften sich, ich hörte immer öfter meinen Namen, und man rief Beifall klatschend nach der Ballettmeisterin.

Das Publikum ruft die Choreographin vor den Vorhang

Nicht im Spitzenkostüm wie einst auf den Bühnen von Weimar und Guben, sondern im Abendkleid, so zogen die jungen Tänzerinnen ihre Choreographin vor den Vorhang. Ich dankte glücklich für die Anerkennung meiner künstlerischen Arbeit. Auge in Auge mit dem Publikum entdeckte ich nicht selten einen Parteifunktionär, der mir ein begeistertes Bravo zurief.

Dann fiel der Vorhang bis zum nächsten Jahr.

Nach Abschluß der Lehrgänge in der Hauptstadt, nach Übergabe unserer Diplome in feierlicher Audienz, verabschiedete man uns in der Hochschule für klassischen Tanz im Ballettinstitut in Budapest, wo wir diplomierte Pädagoginnen noch einmal abschließend durch die Ballettsäle wandelten, in denen wir viele Schweißtropfen verloren hatten.

Das nachfolgende gemütliche Beisammensein unterbrach ein Telegramm für mich, es kam aus Eger:

„Paß mit Sohn Imre erhalten".

In fassungsloser Freude erzählte ich im Kreis der Kolleginnen die Nachricht und genoß die teilnahmsvolle Umarmung der Anwesenden. Und dann rannen die Tränen, die die jahrelange Hoffnungslosigkeit, Sehnsucht und Verzagtheit in mir aufgestaut hatten.

Das Wiedersehen mit der Heimat nach sechzehn Jahren näherte sich der Wirklichkeit.

Von der Pförtnerloge meldete man, es warte dort eine Dame, die mich zu sprechen wünsche. Ich ging hinunter, und vor mir stand die Solotänzerin der Dresdner Semper-Oper, die Frau des Professors Michaelis. Nach ihrer Begrüßung überbrachte sie mir eine herzliche Einladung ihres Mannes nach Dresden. Das schöne Gemälde von mir, so erzählte sie, hätte seinerzeit sofort auf der Kunstausstellung in München einen Käufer gefunden, an den sich ihr Mann aber nicht mehr erinnere.

Mein Reiseziel sei momentan ein anderes, erwiderte ich mit Dank für die liebenswerte Einladung, der ich gern später einmal nachkommen wollte.

Welche Zufälle! Was für Gegensätze an Reisemöglichkeiten nach Ost und West sich da plötzlich zur selben Zeit auftaten.

Nach einem Telefonat mit dem Anwalt, bei dem wir unserer gemeinsamen Freude Ausdruck gaben, verließ ich schnellstens Budapest, um daheim meine Familie in die Arme zu schließen.

Bevor wir unsere Reise in den Norden der Bundesrepublik nach Lübeck antraten, ersuchte mich die ungarische Geheimpolizei um ein Gespräch.

„Wir haben Ihnen mit dem Pass in den Westen einen Gefallen getan und hoffen, daß auch Sie uns gefällig sein werden. Versuchen Sie in Deutschland Kontakt zu militärischen Personen zu erlangen und über die Stärke der Bundeswehr Auskünfte zu erhalten."

Dieser mir unbekannte Beamte schien den Verstand verloren zu haben! Plump, sogar dumm, auch gemein empfand ich seine Aufforderung. Was man mir in jüngster Vergangenheit in erpresserischer Weise andichten wollte, erwartete man jetzt in umgekehrter Weise. Ich sollte Spionage betreiben, Geheimnachrichten übermitteln. Abgesehen von der völligen Absurdität solchen Anliegens hätte ich nicht im Traum einen Gedanken daran verschwendet, meinen Auslandsaufenthalt in der Art zu nutzen.

Doch die Taktik des Gegners sollte man oftmals besser kennen als die eigene. Also meinte ich, wahrscheinlich würde ich keine Möglichkeit dazu zu finden, aber man wisse nie, welche Gelegenheit sich doch anböte. Damit zeigte sich der Geheimdienstler zufrieden und wünschte gute Reise.

14.

Der Zug rollte schon Richtung österreichische Grenze, während häufig unser Paß kontrolliert wurde, der uns in den Westen reisen lassen sollte. Wer nicht 100 Kilometer vor dem Grenzgebiet seinen Wohnraum nachweisen konnte, erhielt keine Genehmigung zur Weiterfahrt. Erschrocken sahen wir dann aus dem Zugfenster die mit Stacheldrahtrollen verbaute Grenze, die Wachttürme mit den schießbereiten Grenzsoldaten. Entsetzen packte mich beim Anblick dieses Todesstreifens, hinter dem wir lebten.

Imre nahm alles mit großem Ernst und Interesse auf, hatte ihm doch der Vater zum Abschied empfohlen: „Halte Augen und Ohren offen auf deiner Reise in die Heimat deiner Mutter."

Ein warmer, sonniger Sommertag trug zu einem ungebundenen freien Empfinden bei, das sich kontinuierlich in uns ausbreitete, als wir auf dem lichten Wiener Bahnhof den Zug verließen. Wahrhaftig öffneten sich unsere Augen, als wir sahen, was sich uns allein schon in der Bahnhofshalle an schönen Geschäften darbot, in denen es alles zu kaufen gab. Die Sauberkeit überraschte uns, und noch mehr verwundert waren wir, als ein kleines Auto, wie wir noch nie eines gesehen hatten, herumfuhr, die Fliesen waschend und polierend.

Wien, die Stadt mit dem eleganten und charmanten Flair, das ich von einem privaten Besuch als junge Künstlerin noch in schöner Erinnerung hatte, bezauberte uns einen anhaltenden Tag lang mit einem Programm, das uns kurzfristig in einem Informationsbüro zusammengestellt wurde. Mit dem großzügigen Reisetaschengeld vom Vater ausgestattet durchstreiften wir die Innenstadt, besuchten den Stephansdom, überblickten die herrliche Stadt vom Riesenrad aus im Prater, beendeten den Abend in Grinzing bei Wein und gutem Essen, denn unsere Weiterfahrt setzte erst nach 22 Uhr im Schlafwagen ein. Frage über Frage galt es für mich dem wissensdurstigen Sohn zu beantworten. Unbekannte Früchte wie Bananen und Apfelsinen waren für ihn ein köstlicher Genuß.

Der Schnellzug raste durch die Nacht, und der aufmerksame Schlafwagenschaffner hatte zuvor um den Paß gebeten, damit wir wegen der Paßkontrolle nicht im Schlaf gestört würden. Welch eine Zuvorkommenheit! Und welch ein Unterschied zu meinen Erfahrungen der Kontrolle meiner Personalien seit meiner Verschleppung aus Berlin, ging es mir kurz durch den Kopf. Aber die deutsche Grenze wollte ich nicht verpassen. Als der Zug an Tempo verlor, die Räder quietschend den Halt mit einem leichten Ruck ankündigten und im Waggon Bewegung durch aufsteigende Grenzbeamte hörbar wurde, riß ich das Fenster herunter und erblickte das Schild „Bundesrepublik Deutschland".

„Heimat ich bin wieder da, nun bin ich zuhause", rief ich hinaus.

Die gepflegten Landschaften, Wälder und Auen, flogen tagsüber an unseren Augen vorüber, und die Dörfer und Siedlungen hielt Imre alle für Städte, weil ihre Häuser so wunderschön aussahen. Stunde um Stunde sahen wir, die westliche Welt zeigte ein völlig anderes Bild wie der heruntergekommene, verfallene Osten Europas.

Fröhlich sprangen wir aus dem Zug, als unser Reiseziel, die Hansestadt Lübeck, erreicht war. Geradewegs liefen wir in die liebevolle Umarmung meiner Eltern und meiner Schwester. Ein glückliches Wiedersehen auf deutschem Boden, wenngleich die Begegnung mit meiner einstigen Heimatstadt Stettin fehlte.

Eine gemütliche kleine Wohnung nahm uns auf. Im Gegensatz zu den früheren großzügigen Räumen in der Stadt meiner jungen Jahre wirkte sie wie eine Puppenstube. Aber nachdem die Eltern sämtliche Habe durch den Krieg verloren hatten, waren sie im Alter von über 50 Jahren über einen Neuanfang in bescheidenen Verhältnissen in Lübeck froh und zufrieden.

Und wir nun waren es mit ihnen.

Nach den ersten Tagen mit der Familie trieb es mich, eine nie erloschene Sehnsucht zu stillen und die nahe gelegene Ostseeküste aufzusuchen, um dort mit meinem Kind auf das weite Meer zu schauen, das mich in meiner Kindheit und Jugend verzückt hatte. Dem rhythmischen Gleichklang des Wellenschlags zu lauschen. Dem Aufbäumen und Zusammensturz der Wellen in nicht endender Wiederholung nahe zu sein.

Die Stärke der Naturgewalt beflügelt den Menschen, gleich den Wellen, Höhen und Tiefen des Lebens kraftvoll zu meistern.

Überwältigende Eindrücke wirkten auf uns ein, wenn wir die baulich reizvolle und historische Hansestadt Lübeck besichtigten, die gefüllten Läden und Kaufhäuser aufsuchten, die zum Teil uns mit unbekannten Waren in Erstaunen versetzten.

Die Weltstadt Hamburg gehörte mit ihrem internationalen Hafen, den Ozeanriesen, dem Kommen und Gehen der großen Frachtschiffe aus und in alle Welt, zu einem der Höhepunkte unserer Reise in den freien Westen. Hier gewann das Wort Freiheit an überdimensionaler Bedeutung, und ich empfand es als hohes Gut im Leben eines Menschen, in einem freien Land sein Dasein gestalten zu dürfen. Losgelöst von dem Druck ideologischer Einengung bedeutete die Freiheit Erbauung für Seele und Geist.

Viele menschliche Begegnungen und Diskussionen bereicherten den Aufenthalt in Deutschland. Wie empfanden die Menschen ihr neues Los in der jungen Demokratie, nach überwundener Diktatur und Krieg einen Neuanfang zu bewältigen? Nach einer kritischen Zeit großer Schwierigkeiten als Folge langer Kriegsjahre und überstandener Hungersnot sahen sie einer progressiven Zukunft in allen Bereichen entgegen. Das war der Grundtenor, den ich zu hören bekam.

Ein Leben im Kommunismus, wie meine deutschen Zuhörer es sich von mir schildern ließen, überstieg ihr Vorstellungsvermögen. Es war kaum zu vermitteln, *wie* irrational die Lebensbedingungen in Ungarn waren. Gespräche mit Journalisten, die meine Schwester anregte, scheiterten an meiner Angst, negative oder auch nur so auslegbare Veröffentlichungen über den ungarischen Kommunismus könnten für mich und für meine Familie gefährliche Auswirkungen haben. Meine Zurückhaltung deutete man so, daß ich den Eindruck erweckte, nach sechzehn Jahren Gefängnis in die Freiheit entlassen worden zu sein. Man hielt mich für eine, die sich in der Realität nicht zurecht fand. Aber meine kurzfristige Freiheit legte mir bezüglich Berichterstattung Grenzen auf, denen ich mich wegen der Rückkehr nach Ungarn nicht entziehen konnte.

In Berlin wurde gerade während unseres Aufenthalts im August 1961 die Mauer errichtet, meine Eltern waren schockiert.

Jemand fragte mich, ob bei so einem Schicksal, wie ich es zu erdulden hatte, die Versuchung, im Westen und in der Heimat zu bleiben nicht übermächtig sei. Ich schloß die Augen und antwortete nicht.

Über der deutschen Tiefebene breiteten sich herbstliche Nebelschwaden über den Wiesen aus, und die Laubbäume begannen in leicht bunter Verfärbung den Einzug der kommenden Jahreszeit anzukündigen, als uns im September die schon elektrische Lokomotive mit ihrer Vielzahl an Waggons in Biegungen schlängelnd wieder in die südöstliche Gegend zog. Wie viel Tausende an Kilometern hatte ich in meinem Leben schon zurückgelegt, immer von der Heimat Abschied nehmend?

Übermüdet von den vielen Eindrücken war mein Sohn schon eingeschlafen, mich riß der ruckartige Übergang der Räder, die die Weichen des Schienenstrangs passierten aus dem dämmernden Halbschlaf. Bilder der vergangenen Wochen rannen wie ein Film vor meinen Augen dahin. Auch in der Erinnerung berührten mich die begeisterten Blicke meines Sohnes, wenn er in Hamburg in Hagenbecks Tierpark die vielen bekannten und unbekannten Tierarten lebend entdecken konnte, wenn er im weißen Sandstrand der Ostseeküste Burgen baute, wenn wir gemeinsam durch Lübecks Holstentor zum architektonisch schönen Rathaus gingen, das einstige Wohnhaus des berühmten Thomas Mann besichtigten oder stille Stunden bei einer Bootsfahrt auf dem idyllischen Flüßchen Waknitz genossen.

Die liebevolle Verpflegung der guten Großmutter verriet bei uns Spuren im Körperumfang. Während wir daheim in Betriebsküchen unsere einheitlichen Mahlzeiten einnahmen und das Abendessen vorwiegend aus Schmalzbrot mit Paprika bestand, bewirtete meine Mutter uns mit vitaminreichen Speisen und köstlichem Wurstaufschnitt am Abend.

Dem gewohnten Alltag fuhren wir wieder entgegen, und vor Beendigung unserer Reise stellte Imre eine sehr nachdenkliche Frage.

„Wie konntest du dieses schöne Land verlassen?"

Darauf blieb mir nur eine halbherzige Wahrheit als Antwort übrig. Wohl hätte er die wahren Zusammenhänge in seinem Alter schon weitgehend verstanden. Aber es hätte sich vielleicht eine Konfliktsituation in seinem noch kindlichen Gemüt ergeben. Er hing sehr an mir.

In Budapest empfing uns ein schmutziger, verrußter Bahnhof, auf dem die Reisenden Abfall und Müll hinterlassen hatten, was mir nun als Kontrast zu den westlichen Bahnhöfen sofort ins Auge fiel. Viel stärker beeindruckten und bedrückten mich die Gesichter der hastenden Menschen, die verhärmten und vergrätzten Mienen im Ausdruck, wie ich sie jetzt besonders intensiv aufnahm.

Sollten das die zufriedenen, ja glücklichen Ungarn sein, die die Sowjetunion mit ihrem Kommunismus vom Faschismus befreit hatte? Die Jahre, alle meine Eindrücke und Beobachtungen hatten mich zu einem kritischen Menschen geformt.

Der Gesprächsstoff zu Hause in Eger riß tagelang nicht ab, es gab zu viel an Reiseerlebnissen zu erzählen und die Erfahrungen mit der freien Welt zu schildern. Bandis Wunsch, im Westen ein friedliches Leben führen zu können, verstärkte sich.

Die ständige Parole der Linksgerichteten, „Wir kämpfen um den Frieden", sagte über Freiheit nichts aus. Aber ein Leben ohne Freiheit führt nie zum Frieden. Die Konflikte zwischen Ost und West in Europa wuchsen Anfang der sechziger Jahre des vorigen Jahrhunderts, beförderten die konstante Aufrüstung an Waffen zwischen den Sowjets und den Amerikanern stärker als zuvor. Der Unterschied zeigte sich immer deutlicher. Während der Osten bei unterdrückter Freiheit mit immenser Aufrüstung eine Vormachtstellung in Europa anstrebte, erlangte der Westen militärische Kraft und Stärke bei freiheitlicher Gesinnung seiner Bürger. Für die Menschen im Osten war das ein bedrückendes Signal und nährte die Furcht vor einem erneuten Kriegsausbruch. Schon allein die Bedrohung gewohnter Machtpositionen verängstigt oft die Menschen.

Im staatlichen Kulturhaus, wo ich unterrichtete, zeigte man Freude über meine Rückkehr. Gab es doch böse Zungen in der Stadt, was kommunistisch gesinnte Menschen anbelangt, die diese Tatsache lauthals in Frage gestellt hatten. Glaubten sie wirklich, ich hätte so charakterlos sein können, meinen Mann und eines meiner Kinder einem gewiß trostlosen Schicksal zu überlassen?

Ganz anders bewertete die Partei meine Heimreise, sie sah sich in ihrem Vertrauen in mich bestätigt und verlangte von gewissen Personen, wegen der falschen Gerüchte sich bei mir zu entschuldigen. Schließlich schätzte man nicht nur meine kulturell erfolgreiche Arbeit, sondern auch den finanziellen Profit, den ich mit dem Ballettunterricht inzwischen erzielte. Die Lehrgelder kassierte das staatliche Kulturhaus, wovon man mir 15% als Gehalt auszahlte. Das empfand man als soziale Gerechtigkeit.

Aber so gelang es mir auch ein zweites Mal - diesmal mit Tochter Krisztina - die gleiche Reise in den Westen zu unternehmen.

Nach der Mitteilung der französischen Botschaft, daß für unsere Familie eine Einwanderungsgenehmigung in die Bundesrepublik Deutschland vorliege, folgten viele Diskussionen. Es galt zu entscheiden, ob wir nun einen Antrag auf Auswanderung stellen sollten und welche Konsequenzen das nach sich ziehen würde.

Mich bewegten Gedankengänge, wie Bandi eine zumindest vorläufige Aufgabe seiner Heimat aufnehmen würde und ich erinnerte ihn, wir würden nicht mehr die gleichen Verhältnisse vorfinden, die er aus der anfängliche Zeit seiner Botschaftstätigkeit in Erinnerung hatte. Alle Lebenssituation hätten sich verändert, und die Deutschen hätten einen politischen sowie gesellschaftlichen Wandlungsprozess durchgemacht.

Demokratie mit freier Marktwirtschaft sei eine uns unbekannte, inzwischen fremde Lebensform.

Bandis Entschlossenheit für eine Auswanderung beruhigte mein Gewissen, es würde eine gemeinsam getroffene Entscheidung werden, Ungarn zu verlassen. Vom Anwalt erreichte uns die telefonische Nachricht, man könne bei derzeit günstigen politischen Prognosen ein Gesuch einreichen, wobei er lobend erwähnte, meine zweimalige Rückkehr hätte einen guten Eindruck bei den entsprechenden Stellen hinterlassen. Besucher und Touristen aus westlichen Ländern empfing man in Ungarn seit geraumer Zeit mit Wohlwollen, westliche Devisen brauchte das mehr und mehr verarmte Land dringend. Für mich stellte das eine zusätzliche Beruhigung dar, daß bei einem legalen Länderwechsel weder Mann noch Kinder der Heimat für immer den Rücken kehren müßten.
Wir reichten ein Gesuch auf Auswanderung ein.

15.

Unter den christlichen Feiertagen gewann das Osterfest für mich in Ungarn an liebenswerter Bedeutung. Der zeitige Frühling lockte mich mit seinen Blüten und Blumen, dem sich entfaltenden Grün der Bäume in die Natur hinaus, wo Hoffnung dem Leben neuen Mut einflößte. Wie die Natur schmückten auch die schönen barocken Kirchen ihre Altäre zum Karfreitag, ebenso die imposante neoklassische Kathedrale auf dem Hügel von Eger.
Nach einem Spaziergang durch die frühlingshaft erwachte Landschaft pflegten wir an Ostern die Gotteshäuser zu besuchen, um in stiller Andacht die Blumenpracht in uns aufzunehmen. Die tief gläubige Bevölkerung ignorierte das Tabu des Kirchganges und setzte mit großzügigen Blumenspenden Zeichen ihres Glaubens, obwohl der Staat die Kirchenbesucher als „Klerikale" verachtete. Manche Personen trauten sich nur zu einem heimlichen Besuch in die Kirche, weil sie den Verlust ihres Arbeitsplatzes befürchten mußten. Fest verankert galt im Kommunismus Karl Marx' Doktrin: „Die Religion ist Opium für das Volk." Um so widersprüchlicher wurde der nach außen gelebte und nach innen empfundene Glaube manchmal. Zum Beispiel hatte ein recht junger

Lehrer meines Sohnes, Leiter der jungen Pioniere in der Schule, vor seinem Krebstod testamentarisch seine kirchliche Beerdigung angeordnet.

Manchmal ging ich in der Dämmerung noch allein zu einem Rundgang durch die vielen Kirchen Egers. Verwirrend leuchteten die unzähligen Kerzen ins Augenlicht, versetzten mich in eine eigenartige Stimmung mit ihrem zeitweise zitternden Flackern. Der Duft frischer Blüten und Zweige schwebte in der Luft und löste ein Gefühl befreiender Leichtigkeit aus. Mystisch erschienen die dunklen Nischen der Nebenaltäre und leise mischte sich in die Stille des Kirchenschiffs die Orgelmusik des noch übenden Organisten für die Messen der Osterfeiertage. Ein Zauber der mich jedes Jahr erneut einfing.

Freudig feierte man das Osterfest und beging am zweiten Feiertag die uralte ungarische Sitte des Ostergießens. Schon am zeitigen Morgen verließen alle männlichen Wesen das Haus, vom Buben bis zum erwachsenen Mann, um den Mädchen und Frauen in der Familie und im Freundeskreis Wasser und leichtes Parfüm in die Haare zu träufeln. Während die Mädchen und Damen allen Alters „begossen" wurden, wünschten die Männer ihnen mit kleinen Versen Gesundheit, Schönheit und ein langes Leben. Die Wohnungstüren blieben den ganzen Tag offen, denn die Mädchen und Frauen erwarteten ihre Verehrer, Freunde, Bekannten. Nach erfolgtem Osterguß beschenkten die Mädchen die Buben mit buntbemalten Ostereiern, Erwachsene lud man zu Wein und einem kleinen Imbiß ein. Es war ein ständiges Kommen und Gehen der Ostergießer. Anders spielte sich die Sitte in den Dörfern ab, wo ein Jüngling auch mal aus dem Brunnen einen kleinen Kübel Wasser zog und der Angebeteten über dem Kopf ausleerte, wozu sich die Mädchen aber vorsichtshalber entsprechend ankleideten.

Diese urige, alte Sitte brachte viel Spaß und Lustigkeit unter die Leute, alle Familienmitglieder, gute Freunde und Bekannte hatte man an dem Ostermontag getroffen und gesprochen. Und am Abend waren nicht wenige der bewirtenden Frauen und vor allem der kölnisch Wasser träufelnden Männer vom häufigen Anstoßen in ausgelassener Stimmung.

Am Osterfest des Jahres 1963 erschien zu meinem Erstaunen der Paßbeamte mit einem lustigen Vers auf den Lippen und tröpfelte sein

Parfüm wohlwollend in meine Haare, obwohl wir sonst keinen privaten Kontakt pflegten Nach meinem Dank für die Aufmerksamkeit und meiner Einladung zu einem Gläschen verkündete er mit ruhigem Ton, die Auswanderungsgenehmigung sei eingetroffen und könne am nächsten Tag im Passamt abgeholt werden.

In meiner Fassungslosigkeit fiel ich dem Beamten um den Hals und er strich mir leicht über meinen nach vielerlei Parfüms riechenden Kopf.

„Ist das wirklich wahr?", fragte ich zögernd. „Ich kann es nicht fassen!"

Auf die freudige Überraschung nahmen wir einen ausgiebigen Schluck Wein, nach seinem kurzen Besuch verabschiedete er sich wieder. Ungeduldig erwartete ich Bandi, konnte kaum erwarten, daß er endlich seine Gießtour beendete.

Es wurde ein selten glücklicher Abschluß des Osterfestes im Kreise meiner Familie, auch wohl das bedeutendste Ostern, das ich jemals erlebt habe und das uns die Freiheit schenkte.

Angespannte Wochen mit vielen Behördengängen folgten. Der Zeitpunkt der Ausreise war auf den 17. Juli festgelegt, an dem Tag mußten wir das Land aber auch verlassen. Ein Teil unserer schönen Möbel mußten wir verkaufen, da ein Transport unbezahlbar gewesen wäre, ein anderer Teil blieb bei Verwandten. Das Packen von Kisten und Koffern wollte kein Ende nehmen. Der Anwalt versprach, am Abreisetag in Budapest bei einem letzten Abschiednehmen zugegen zu sein.

Zehn Jahre lang hatte ich die Ballettschule in Eger geleitet und dort unterrichtet, nun galt es, mich von meinen Schülerinnen, Eltern und Elternbeirat zu verabschieden. In einer kurzen Ansprache ermutigte ich die jungen Tänzerinnen, die Kunst des Ballett-Tanzes weiter zu pflegen, dessen Ausübung viel körperliche Disziplin und ein noch viel brisanteres schnelles Denken verlange.

Wehmütig klang die Rede der Elternbeirätin, als sie nach Dankesworten meine außergewöhnlich hervorragende Tätigkeit lobte, die ich den Jugendlichen zuteil werden ließ und sie schloß ihre Ansprache gefühlsbetont.

„Wir wünschen dir in deiner Heimat von Herzen alles Gute und mögen dich deine Landsleute so lieben, wie wir Ungarn dich geliebt haben."

Sie war nicht die einzige Rednerin.

„In Anerkennung deiner beachtenswerten menschlichen Haltung und im Gedenken an dich, empfinden wir Achtung vor deiner Heimat." Mit diesen Worten verabschiedete mich die Vorsitzende vom Frauenrat der Partei. Dann überreichte sie mir einen kleinen roten Teppich zur Erinnerung.

Obwohl jeder tiefes Verständnis für meine Rückkehr in die Heimat zeigte, bedauerten gleichzeitig alle, daß ich Ungarn verließ und hätten mich nicht zuletzt als Ballettmeisterin gerne weiter da behalten. Eine Nachfolgerin für mich hat es in Eger niemals gegeben.

16.

Die kleine Wohnung, die wir für immer verlassen sollten, war schon fast leer geräumt. Von vielen schönen Möbelstücken hatte ich ohne besondere Emotionen Abschied genommen. Anders sah ich der Trennung von Verwandten und Freunden entgegen, die mich nach jahrelangem Beisammensein in guten und sorgenvollen Tagen mit herzlicher Umarmung verabschiedeten.

Jedem hinterließ ich eine kleine Erinnerung an die Zeit gemeinsam verbrachter Tage. Am Bahnhof von Eger warteten Mamóka und Bandis Bruder am Zug, die zwei Menschen, die ich am Tage meiner Ankunft in Eger getroffen hatte, standen da zu einem letzten Lebewohlgruß.

„Mein Gott, ich werde euch nie wiedersehen", hörte ich die bewegten Worte von Mamóka, und in ihrem Alter ließ die Wahrscheinlichkeit solche Ahnung zutreffen.

Bald entschwanden unseren Augen die letzten Umrisse der Personen, dann die Häuser einer Stadt, in der wir viele Jahre gelebt hatten. Viel zu viele Jahre im Leben einer jungen Frau, da sie vornehmlich von Ungewißheit und Sorgen geprägt waren. Diese Zeit sah ich zunächst als das Ende einer langen ungewollten Periode an, in der ich mich stets über sorgenreiche Tage mit der eigenwilligen Überlegung getröstet hatte: Der nächste Tag sieht wieder ganz anders aus, das Heute überlasse ich dem Morgen.

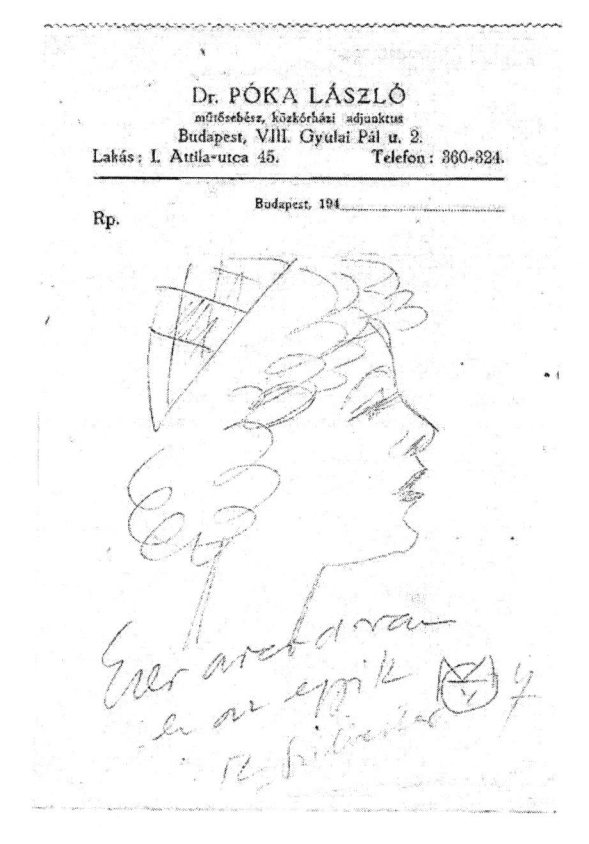

„Das eine von deinen tausend Gesichtern", meint der bekannte Maler Macskássy auf seiner Skizze von 1952

„Du bist wie die Scarlett im 'Vom Winde verweht'", sagte ein guter ungarischer Freund manchmal zu mir.

In Budapest traf ich noch einmal den Anwalt, dem ich mit einem letzten Händedruck für seinen entscheidenden Einfluß im Innenministerium dankte.

„Glücklichere Tage mögen auf Sie in einem Land warten, das eine neue Zukunft angestrebt hat, als derer Sie hier gewahr wurden. Ihre humane Zielsetzung wird Sie dabei unterstützen."

Mit den Worten verabschiedete er mich, der offene Blick aus seinen grauen Augen blieb lange Zeit in meinem Gedächtnis verankert.

Am Budapester Ostbahnhof wartete eine Gruppe von Freunden, die sich zur Verabschiedung der Familie eingefunden hatten. In fröhlicher Stimmung bei einer Runde Cognac überreichte man mir einen bunten Blumenstrauß in den ungarischen Nationalfarben rot, weiß und grün und rief zum anfahrenden Zug hinauf:
„Vergiß nicht das Ungarland und uns Ungarn, Gott sei mit Euch!"

Viele Gedanken begleiteten mich auf der Fahrt in die Freiheit, eingeprägte Eindrücke der Vergangenheit, der Druck vieler Jahre wollte mich noch nicht verlassen.
Meine ständigen Befürchtungen.
Zuletzt die Angst vor einem Angebot, in die ungarische Kommunistische Partei einzutreten, auf Grund meiner erfolgreichen Arbeit.
Die Anerkennung in der Bevölkerung.
Mein Engagement.
Das alles löste sich erst langsam aus der Erinnerung. Niemals wäre ich einer Aufforderung zum Parteibeitritt nachgekommen, und die Folgen einer Ablehnung hätten fatale Auswirkungen gehabt.
Doch jetzt fuhren wir in die politische Unabhängigkeit, völlig vogelfrei, im wahrsten Sinne des Wortes. Wir waren jetzt staatenlose Bürger, nachdem wir die ungarische Staatsbürgerschaft hatten ablegen müssen. Nicht nur sie, sondern auch sämtliche Garderobe mußten wir an der Grenze ablegen, als der ungarischen Zoll zur Leibesvisitation schritt. Vielleicht wollten sie tatsächlich nachsehen, ob wir nicht unerlaubte Gegenstände am Körper mit uns trugen? Bandi empfand es als eine letzte gezielte Demütigung, in einem Büroraum nackt vor den Grenzbeamten stehen zu müssen.
Unsere letzten paar Forint wurden einbehalten.

Mit der Ankunft in Wien vollzog sich für mich fast ein Wunder, an das ich kaum mehr geglaubt hatte, die menschliche Freiheit erlangt zu haben. Im Stephansdom legte ich am Marienaltar meinen ungarischen Blumenstrauß als Dank nieder.

Die „ungarische" Piroschka kehrt nach Deutschland zurück

Für viele Jahre nahm ich von einem Land, aber auch von liebenswerten Menschen Abschied, die später nur noch zeitweise in meinem Gedächtnis einen bleibenden Platz einnahmen.

Sehr viel mehr wäre noch im Detail über die achtzehn Jahre in Ungarn zu erzählen, ebenso über die darauf folgenden vier Jahrzehnte, die ich nun wieder in Deutschland verbracht habe.
Dem Leben in Freiheit, das trotzdem nicht ganz frei von Bedrückung sein konnte, sollen die abschließenden Erinnerungen gelten, deren manche tiefe Bewegtheit in aller Ausführlichkeit zu erzählen einer späteren Betrachtung vorbehalten sein mag.

IV.
Tanz ist der Ausdruck meiner Seele

Wieder in der Heimat in einem freien Europa

17.

Aller Anfang ist schwer, auch der Beginn im Westen brachte Herausforderungen mit sich. Aber es überwog im ersten Überschwang und mit den Jahren dann wieder die Freude auf neue Perspektiven und über die Möglichkeiten freier Entfaltung.

Das Übergangslager Friedland nahm uns für einige Tage auf, um die Legitimation der Familie und behördliche Angelegenheiten zu regeln, sowie unseren Gesundheitszustand zu überprüfen, bevor wir dann unser Endziel Lübeck erreichten. Ein anderes Lagerleben fanden wir hier vor, verglichen mit dem scheußlichen Lager bei Moskau. Mit herzlicher Freundlichkeit umsorgte man uns und brachte viel Verständnis für die Aufgabe eines vergangenen Daseins entgegen. Wir fühlten uns menschlich geachtet. Den Beschäftigten, die in Friedland jahraus, jahrein ihre Mission ausüben, galt seit dem Aufenthalt dort meine Hochachtung.

Mit übergroßer Freude empfingen uns meine Familie und deren Nachbarn, die uns alle mit Rat und Tat zur Seite standen. In meiner Heimat fühlte ich mich besonders für meine Lieben verantwortlich. Viele Probleme gab es zu überwinden, wie zum Beispiel die schulische Eingliederung der Kinder ihren Kenntnissen entsprechend. Sie sprachen so gut wie kein Deutsch, und ein völlig anderes Schulsystem erwartete sie. Zudem lag in Ungarn der fremdsprachliche Schwerpunkt im Erlernen der russischen Sprache, während in westlichen Gymnasien Englisch, Französisch und Latein gelehrt wurden.

Im Lübecker Katharineum erboten sich die Gymnasiasten, meinem 14jährigen Sohn bei kostenlosem Nachhilfeunterricht den entsprechenden Anschluß zu ermöglichen. Meiner Tochter half ich beim Erlernen der deutschen Sprache und in allen Fächern weiter.

Man bemühte sich hilfreich von allen Seiten. Die erste Zeit wohnten wir in der kleinen Wohnung meiner Eltern, doch bald stand uns eine Dreizimmerwohnung zur Verfügung, bestückt mit teilweise geschenktem Mobiliar. Zum Kauf von Möbeln reichte das Arbeitslosengeld kaum, wir waren zunächst auf die Hilfe meiner Eltern angewiesen. Wir erhielten zwar auch staatliche Zuschüsse, mußten trotzdem auch Kredite aufnehmen, die wir allmählich abstotterten.

Allein der bundesdeutsche Verfassungsschutz beäugte uns kritisch. Fast unvorstellbar war für diese Behörde die Tatsache, daß es einer Familie gelingen konnte, aus einem kommunistischen Land die Auswanderung zu erreichen. Kurz nach Bezug unserer Wohnung am Stadtrand von Lübeck, in Sichtweite der von Osten her streng gesicherten Grenze zur DDR, lud uns die westdeutsche Behörde zu einem Gespräch ein. Aus den Ausführungen entnahm ich im Unterton gewisse Zweifel über die Umstände unserer Umsiedlung.

Auf Grund meiner früheren deutschen Staatsbürgerschaft wurden alle Familienmitglieder als Deutsche anerkannt, mit allen Rechten deutscher Staatsbürger. Doch Bandi bekam erhebliche Probleme bei der Arbeitssuche. Obwohl in Westdeutschland bei minimaler Arbeitslosigkeit und großem Fachkräftemangel durch den Krieg entsprechende Arbeitskräfte fehlten, bekam Bandi auf alle seine Bewerbungsgesuche lediglich Absagen. Eine deprimierende Angelegenheit, die noch ein Jahr nach unserer Ankunft anhielt. Aber bei einem aus Ungarn stammenden Agraringenieur, der erst seit kurzer Zeit in Deutschland war, zeigte sich jede Behörde mißtrauisch. Oder man zog an „kompetenter" Stelle Auskünfte ein für eine Anstellung, besser gesagt für eine Ablehnung. So sah ich das und es stimmte gewiß.

Bandi nahm zum Teil Hilfsarbeiten an, als Packer in einer Fischfabrik, bei der Müllentsorgung eines Krankenhauses. Und ich gab den Kampf gegen die ewig politisch Unzuverlässigen nicht auf.

Mit einer Akte unzähliger Bewerbungsunterlagen sprach ich nochmals beim Verfassungsschutz vor.

„Hat man uns die Einwanderung in die Bundesrepublik genehmigt, damit wir unseren Lebensabend als Arbeitslose verbringen?", fragte ich zynisch. „Dann hätten wir auch in einem Land bleiben können, das uns bei zwar menschenunwürdigen kommunistischen Bedingungen, aber ein ähnliches materielles Niveau zu bieten hatte. Wie peinlich wäre es für den freien Westen, wenn ich ungarischen Journalisten vom Scheitern unserer Auswanderung einen Bericht zukommen lassen würde."

Der Beamte beschwichtigte meine erregten Ausführungen.

„Man muß schon ein wenig Geduld aufbringen, es wird sich alles regeln."

Eigenartig war nur, daß das Arbeitsamt nach zwei Wochen Bandi eine staatliche Stelle im süddeutschen Raum anbot.

Meine beruflichen Aussichten entwickelte sich in einer ganz anderen Richtung als zuvor. Mit dem Entschluß, Ungarn zu verlassen, war mir klar, daß ich in Deutschland meine frühere künstlerische Laufbahn nicht mehr würde aufleben lassen können. Allein mein Alter Anfang vierzig sprach dagegen. Zur Errichtung einer eigenen Ballettschule fehlten die finanziellen Mittel. Auch war ich hier beruflich gesehen, trotz meiner Diplome, ein unbeschriebenes Blatt. Mit den familiären Bindungen waren solche Pläne zudem unvereinbar. Also mußte ein totaler Neuanfang geschaffen werden. Über eine schöne Stimme verfügte ich zwar noch immer, aber sie war nicht mehr geschult wie in früheren Jahren. Weniger konnte ich mir eine Tätigkeit ohne körperliche Bewegung vorstellen und so entschloß mich zur Ausbildung als Krankengymnastin und Atemtherapeutin mit psychologischen Kenntnissen. In diesem Bereich gab es in den sechziger und siebziger Jahren des vorigen Jahrhunderts einen großen Bedarf an Fachkräften.

Mein einstiger Wunsch, den Menschen durch meine Kunst Freude und Entspannung zu bereiten, wandelte sich nun in ein ausgeprägtes soziales Gefühl um. Kranken und hilflosen Menschen wollte ich nun helfen, in ihnen neuen Lebensmut wecken.

Die harten rund achtzehn Jahre hatten aus einem fröhlich beschwingten Wesen einen still nachdenklichen Menschen geformt. Die durchlebten Kriegsjahre und die Zeit russischer Internierung gaben einen zusätzlichen Anstoß dazu, anderen Menschen helfen zu wollen.

Das Aufbegehren, eine künstlerischen Laufbahn einzuschlagen, flammte zwar in den ersten Jahren in Deutschland hin und wieder auf, erlosch dann aber langsam, wie eine Kerze, deren Docht im Rest des Wachses erlischt.

18.

Zunächst mußte sich die Familie voneinander trennen. Bandis Stellung in Süddeutschland unterlag einer Probezeit, ehe eine Festanstellung erfolgen konnte. Krisztina folgte später dem Vater in eine zu seinem Arbeitsplatz nahe gelegene Internatsschule. Sie brauchte die Nähe des

Vaters, an den sie sich im Kleinkindesalter durch meine häufige Abwesenheit stark gebunden fühlte. Und auch der Vater hing mit seltener Anhänglichkeit an seiner Tochter.

Mit zeitlich begrenzten Arbeitsverträgen nahm ich den gymnastischen Unterricht in einer Schule für spastisch gelähmte Kinder auf, auch an Sonderschulen, um die finanziellen Einnahmen der Familie zu verbessern. Mit großer Hingabe unterrichtete ich kranke und gesunde Kinder, wenngleich der Unterschied zwischen ausgeübter Tätigkeit und neuem Beruf erheblich war. Aber ich empfand es als beruhigend, unter meinen Landsleuten leben und arbeiten zu dürfen, obwohl ich zeitweise die Mentalität ungarischer Menschen vermißte.

Nach geraumer Trennung fand die ganze Familie ihren Wohnsitz im Schwarzwald. Für mich ein einschneidender Schritt, der wieder den Abschied von der Meereslandschaft bedeutete. Auch empfand ich keine Zuneigung zu Gebirgslandschaften. Eine Unabwendbarkeit aber, in die ich mich fügen mußte, nachdem Bandi andere berufliche Möglichkeiten ausschloß.
Während der zweijährigen Trennungsphase waren Spannungen zwischen uns aufgetreten. Häufig übermannte mich ein Gefühl, das gegen die konstante Abhängigkeit vom Partner in jeder Lebenslage gerichtet war. Bandi ahnte meine bedrückte seelische Verfassung, und auch er durchlief eine seelische Krise.
„Wir paßten zusammen, nur die Zeiten haben nicht immer zu uns gepaßt", interpretierte er unsere Entwicklung.
Ein eher kameradschaftliches Verhältnis verband uns fortan.
Bandi reiste regelmäßig zu Besuch in sein Heimatland. Auch die Kinder fuhren manchmal in den Ferien in ihre ungarische Heimat, um Verwandte und Freunde wieder zu sehen, hatten sich aber in der neuen Umgebung gut eingelebt.
Nur ich konnte mich nicht überwinden, eine Reise nach Ungarn zu unternehmen.

Inzwischen hatte ich in einer lungenchirurgischen Klinik, auf einem Hochplateau im Schwarzwald gelegen, die Stelle einer Atemtherapeutin und Krankengymnastin angenommen. Die Klinik lag 50 Kilometer von unserem Wohnort entfernt, täglich fuhr ich mit dem Auto zur Arbeit. Ich hatte eine verantwortungsvolle Position, bei der mir die atemtherapeutische prä- und postoperative Behandlung der Patienten oblag und ich auch stundenlangen Operationen beiwohnte. Bald übertrug man mir die Leitung der krankengymnastischen Abteilung mit vier Mitarbeitern. Jeden Tag galt es, ein Aufgabengebiet mit Intensivstation, einzel- und gruppentherapeuthischen Maßnahmen für 160 Patienten zu koordinieren und zu bewältigen. Ein langer Arbeitstag, den ich zufrieden dank der Zuneigung meiner Patienten beendete.

Nach Abschluß der Schulzeit hatten die Kinder ihre Weiterbildung aufgenommen. Imre studierte in Tübingen und Krisztina ging zum Sprachstudium nach Paris.

Mich ereilte auf einer Fahrt zur Klinik bei vereisten Straßen in den Bergen ein Autounfall, bei dem ich mich an einem Hang abwärts einige Male überschlug und erst an Bäumen zum Stehen kam. Zum Glück trug ich keine schweren Verletzungen davon. Von dem Zeitpunkt an mietete ich mir eine kleine Wohnung am Ort meiner Arbeitsstätte und kehrte nur an Wochenenden zum Wohnort zurück.

Schon seit längerer Zeit zeichnete sich bei Bandi eine unheilbare Krankheit ab, deren Ende man nicht abschätzen konnte. Wohin waren die Jahre entschwunden, wohin die sehnsüchtigen Zukunftspläne aus der damaligen Zeit in Guben, aus den Tagen auf Schloß Bärenklau? Das Leben zeichnet andere Wege vor, die man lange nicht für begehbar hält und sie doch durchschreiten muß.

Manche Schicksale von Menschen beschäftigten mich nach einem arbeitsreichen Tag in der Klinik, wenn wir bemüht waren, die Gesundheit von Patienten wiederherzustellen, die eine jahrelange russische Kriegsgefangenschaft überlebt hatten. Dabei wurden in mir die Jahre nach Kriegsende wach und ich registrierte mit Bedrückung, daß in Ungarn sowie in Ostdeutschland, in der DDR, noch immer kommunistische Regime herrschten. Die politische Lage und die nach dem Krieg veränderten Grenzen in Europa, die auch meine Heimatstadt Stettin betrafen, bewegten mich häufig.

Selbst wenn lange Jahre schreckliche Ereignisse allmählich in den Schatten stellen, die Auswirkungen der unmenschlichen Taten und Täter des zwanzigsten Jahrhunderts schienen unüberwindbar zu bleiben. Es war das Unrecht, dessen schlimme Folgen auf Millionen Menschen einer Generation übertragen wurde und auf ihr lastete. Ausgelöst wurde die politische Entrechtung, die Verfolgung und Vertreibung wohl durch einen deutschen Diktator und durch seine Handlanger. Aber das Unrecht wurde teilweise auch weiter aufrecht erhalten, weiterverfolgt von Staatsmännern, deren politische Entscheidungen man in Frage stellen mußte. Unschuldige Menschen aus ihren Heimatgebieten auf grausame Weise zu verjagen, ihnen Haus und Hof zu entreißen oder sie zu Tode zu prügeln, das war keine Lösung, war nicht die adäquate Schuld und Sühne für einen Krieg.

Nicht alle Schuldigen, die den Krieg angezettelt und geführt hatten, erreichte die Verurteilung, doch die Unschuldigen hatten ein Leben lang für deren Taten zu büßen. Es hätte anderer Maßnahmen bedurft wie jene, die vielen Menschen als Opfer auferlegt wurden. Oder meinten Sieger humaner zu handeln als die Schuldigen?

Wer Haß sät, darf nicht in der aufkeimenden Saat Liebe erwarten. Eines Tages werden nur noch Geschichtsdaten an eine Zeit grauenvoller Jahre des zwanzigsten Jahrhunderts erinnern. Die aussterbende Generation dieser Zeitspanne kann verzeihen, aber niemals die erschütternden Ereignisse vergessen. Keine Schuld ist auslöschbar, aber das Verzeihen ist manchmal leichter als das Vergessen, denn Wunden heilen langsamer als sie geschlagen werden.

Meine Erinnerungen lebten immer wieder auf. Doch in der abendlichen Stille meines gemütlichen Heimes zerstreuten die Klänge klassischer Musik meine trüben Gedanken. Zuversicht durchströmte mich, sobald ich eine Schallplatte auflegte, etwa mit Dvoráks „Slawischen Tänzen".

Im Tanz empfand ich nach wie vor Erbauung für die Seele. Der Leidenschaft des Tanzes konnte ich nie entsagen. Ein glückliches Empfinden erheiterte das Gemüt, nun ein sorgloses Leben dank meines deutschen Heimatlandes ohne politischen Druck führen zu können.

Dann traf die Familie ein herber Schlag. In einem Sanatorium erlag Bandi im Alter von nur 72 Jahren unerwartet seiner Krankheit, deren Keime die früheren Jahrzehnte der Verbitterung gesät hatten. Wir blieben zu Dritt zurück.

Zwanzig Jahre waren seit unserer Ausreise aus Ungarn vergangen bis ich den Entschluß faßte, das Land zu besuchen. Nach langer Zeit des Zauderns gab ich schließlich dem Drängen der Kinder nach, wollte versuchen, die Vergangenheit zu überwinden.

Was konnte ich in Ungarn noch erwarten? Viele menschliche Kontakte waren erloschen, wiederum auch unliebsame Politiker aus ihren Machtpositionen verschwunden.

Die österreichisch-ungarische Grenze überflog ich, nochmals wollte ich die Landesgrenze nicht passieren. Als das Flugzeug zur Landung über Budapest ansetzte, bedeckte ich die rollenden Tränen auf den Wangen mit einem Taschentuch.

War dies noch das Land, das ich so emotionslos um der Freiheit willen verlassen hatte? Ich sah es nicht mehr mit den Augen der gedemütigten Deutschen, wenngleich sich im politischen System noch keine gravierende Veränderung vollzogen hatte.

Aber die Menschen des Alltags mit ihrer warmherzigen Anhänglichkeit waren die Gleichen geblieben und sie hatten mich keineswegs vergessen. In mir wurden die vier Jahrzehnte zuvor von Bandi in Bärenklau an mich gerichteten Worte gegenwärtig.

„Ich werde dir das ganze Land zeigen und dann entscheidest du, in welchem der beiden Länder du leben möchtest ..."

Die Möglichkeit für eine tatsächliche Entscheidung machte einst eine Diktatur zunichte. Nun lebte Bandi nicht mehr, andere Menschen bemühten sich, mir das aufblühende Land zu zeigen, dessen politischem Druck ich mich seinerzeit nicht beugen konnte und wollte.

Als freier Mensch durchquerte ich die winkeligen Gassen der historischen Städte mit vielen barocken Bauten und prachtvollen Kirchen. Alte Burgen berichteten mir noch immer von der heroischen Freiheitsgeschichte eines kleinen Volkes, das so tapfer über ein und ein halbes Jahrhundert hinweg gegen die türkische Invasion um seine Freiheit gekämpft hatte. Die Gegenwart holte mir die erlernte Geschichte des Landes aus früheren Tagen zurück, die ich längst verdrängt zu haben glaubte.

Verträumt saß ich abends am Ufer des Plattensees, wo der Zigeuner seine Geige zaghaft ertönen ließ, und bittersüße Erinnerungen wie

Sehnsüchte in die Seele drangen. Diese Sehnsucht barg in sich das Verlangen nach vergangenem Glücklichsein.

Budapest lockte wie in vergangenen Tagen mit seinen Caféhäusern zum bescheidenen kleinen schwarzen Kaffee ein, zu dem man sich gesellig zusammen gefunden und die schlechten Zeiten beschwatzt hatte. Nur bekannte Gesichter blieben aus, die früheren Freunde waren auch mit mir um zwanzig Jahre älter geworden – und wo waren sie geblieben? Das staatliche Ballettinstitut und das Opernhaus in Pest sowie die altbudaer Straßen mit ihren urigen Häusern zauberten in mir die vergessene Atmosphäre zurück. Wie oft bummelten wir Tänzerinnen, Ballettlehrerinnen abends durch den budaer Stadtteil, wo es auch mal zu einer Einkehr bei einem Gin-Fiz reichte.
Die den Ungarn eigene Lebensphilosophie, ihre leicht bohemehafte Gestaltung des Lebens zeigte sich auch jetzt unverkennbar wieder. Sie arbeiten um zu leben. Sie sind nicht wie die Deutschen, was sie auch häufig betonten, die leben, um zu arbeiten. Um diese Einstellung habe ich die Ungarn immer beneidet! Sie empfanden zwar meinen Arbeitseifer als korrekt, bewunderten ihn nicht selten, aber sie hielten ihn auch für typisch deutsch.
In meine deutsche Heimat kehrte ich nach den neuen Eindrücken in Ungarn innerlich verändert zurück. Selbst wenn ein Dorn im Herzen blieb, den das unveränderte Regime hinterließ. Es gab nicht nur eine freiere Lebensführung, ein wirtschaftliches Aufblühen, es gab gewiß auch politische Erleichterungen. Aber es war noch immer ein kommunistisches System.
Wer hätte 1983 geahnt, daß sechs Jahre später der „Eiserne Vorhang" fallen, und welche bedeutende Rolle dabei Ungarn zukommen würde.

19.

Ein Jahrzehnt hatte ich auf dem Hochplateau im Schwarzwald in der Klinik bei meinen Patienten verbracht und mich mit ihnen über jeden Gesundungsprozeß gefreut. Nachdenklich sah ich oft abends von meinem Balkon über die dunklen Wälder hinweg, bis zur Landeshauptstadt

Stuttgart, deren erleuchteter Fernsehturm mir den Standort der Großstadt verriet.

Es zeichneten sich auch bei mir gesundheitliche Beeinträchtigungen ab, welche die Fortsetzung meines Berufes mit Fragezeichen versahen, obwohl ich das Rentenalter noch nicht erreicht hatte. An meinem schönen Zuhause in einer Villa inmitten von Wiesen hing ich sehr und freute mich zeitweise über familiären Besuch, auch über den meiner mittlerweile sehr betagten Eltern. Alle kamen gern auf meine „Wieseninsel", wie ich meine Umgebung nannte. Mit Wehmut dachte ich daran, die Wohnung eines Tages aufgeben zu müssen, die heranwachsenden Kinder des Besitzers hatten schon für später Anspruch auf die Räumlichkeiten angemeldet.

Wo fände ich noch einmal eine so traute Wieseninsel? Der Zufall, der in meinem Leben viele ungeahnte Wege gewiesen hatte, führte mal wieder Regie.

Bei einer Tanzveranstaltung im Fasching mit Freunden hatte mich ein Unbekannter zum Tanz aufgefordert, der sich als ein außergewöhnlich guter Tänzer erwies. Endlich wieder nach Herzenslust mit einem begabten Partner tanzen, dachte ich. Fast die ganze Nacht hindurch wirbelten wir beschwingt auf der Tanzfläche.

Er wohnte weit weg im Allgäu, und ich hörte ein halbes Jahr nichts mehr von ihm, obwohl er beim Abschied meinte, man könnte das Tanzvergnügen bei späterer Gelegenheit gerne fortsetzen. Dann suchte er mich auf meiner Wieseninsel auf und lud mich zu einem Kurzbesuch ins Allgäu ein. Er lebte dort allein, und ich kam erst nach wochenlangem Zögern seiner Einladung nach.

Ein ansehnliches Häuschen mit anschließendem parkähnlichem Garten erwartete mich, das Grundstück umgeben von Wiesen, die gerade in bunter Pracht blühten. Das Anwesen machte auf mich einen leicht ungepflegten Eindruck, der Geschäftsmann fand wohl nicht die nötige Zeit für solche Arbeiten. Aber der Garten mit seinen Apfel- und Laubbäumen sowie den hohen Tannen hinterließ bei mir einen tiefen Eindruck, ebenso wie die unmittelbare Umgebung, das lichte Allgäu. Landschaftlich bot der Rahmen einen ähnlichen Anblick wie meine Wieseninsel, aber mit ihren sanften Linien war die Hügellandschaft doch ein angenehmer Kontrast zum Nordschwarzwald.

Pünktlich zum Wochenende fand sich mein Verehrer auf dem Parkplatz der Klinik ein, um mich erneut in den großen, schönen Garten abzuholen, den ich von Mal zu Mal lieber gewann. Das Häuschen mit seiner schindelgedeckten Fassade im typischen Allgäustil, seine kleinen Räume, in dem Stilmöbel standen, erweckten eine heimelige Atmosphäre. Durch die Fenster leuchteten die sich rot färbenden Äpfel in den Bäumen, unter denen Schäferhunde das außerhalb der Ortschaft gelegene Anwesen bewachten. An das Wohnhaus schloß sich ein produzierender Betrieb an.

Seine Freizeit nutzte der Betriebsinhaber für sportliche Aktivitäten, er war begeisterter Anhänger des Fechtsports, mittlerweile auch als Ausbilder. Während meiner Kurzaufenthalte verbrachten wir manchen begeisterten Abend in näherer Umgebung beim Tanzen.

Udo, mein Tanzpartner im Allgäu, und ich, jeder von uns hatte seine besondere Lebensgeschichte zu berichten. Die langen Kriegsjahre, den Verlust der Heimat, die Vertreibung und Verschleppung – wir entdeckten beim Austausch unserer Erinnerungen manche Gemeinsamkeiten in unserem Leben. Udo stammte aus Ostpreußen, kannte wie ich die Ostsee aus seiner Jugend, für ihn gingen auch viele Werte in seiner Heimat verloren. Der Neuanfang für einen jungen Menschen, den der Krieg als Leutnant ohne berufliche Ausbildung entlassen hatte, war kein leichter.

Außer der Freude am Tanzen entdeckten wir auch die gemeinsame Vorliebe, in fremde Länder zu reisen, die meinem Freiheitsdrang sehr entgegen kam.

Meine sich zwar abzeichnende berufliche Invalidität, die jedoch immer „unerwartet" kommt, setzte neue Akzente für den Lebensabend. Das Alleinsein ohne berufliche Tätigkeit zeichnete sich als ein Horrorbild vor mir ab.

Lang währte mein Entschluß, noch einmal im Leben eine enge Partnerschaft einzugehen, aber die Einsamkeit im reifen Alter hatte ich zur Genüge ausgekostet. Ich zog aus dem Schwarzwald ins Allgäu um.

In der Stille der Natur würde ich nach so vielen Jahren mit schmerzlichen Einschnitten in meinem Leben die ersehnte Ruhe finden?

Der abrupte Abbruch einer von Kindheit an angestrebten künstlerischen Laufbahn, die unfreiwilligen Jahre in Ungarn und schließlich die berufliche Umstellung, alles Daseinsfakten, die ich noch immer nicht ganz verwunden hatte. Sie bedurften nach wie vor einer inneren Versöhnung mit dem Leben.

Doch auch mit wachsendem Dank blickte ich bereits auf viele Geschehnisse einer langen Periode zurück, die in menschlicher Hinsicht und eingebettet in eine geschichtlich außergewöhnlichen Epoche auf mein Dasein in positiver sowie negativer Art Einfluß genommen hatten.

In meinen davon laufenden Lebensjahren rückte ein großartiges, von mir stets heiß ersehntes historisches Ereignis in den Vordergrund, der Fall des „Eisernen Vorhangs", das Ende der kommunistischen Diktaturen in Europa.

Die freiheitsliebenden Ungarn leiteten diesen Prozeß mit in die Wege, indem sie für ostdeutsche Urlauber 1989 die Grenze nach Österreich öffneten, um sie in die Freiheit zu entlassen.

In unvorstellbar kurzer Zeit verabschiedete sich binnen Jahresfrist im Osten Europas ein Land nach dem anderen vom Kommunismus, auch in der damaligen DDR wuchs der Unmut über die politische Lage im Land und über das Abgeriegeltsein vom Westen tagtäglich und führte schließlich zum Fall der Berliner Mauer und der Beseitigung einer menschenverachtenden Grenze zwischen Ost- und Westdeutschland.

Die Menschen in Ungarn und in den Länder Osteuropas schüttelten endgültig die Ketten der Diktatur ab. Glückliche Tage zogen am Horizont für die Freiheit der Menschen auf.

Wahrscheinlich wird es ein sehr langer Weg werden, bis zum Horizont. Aber der marxistischen These, „Proletarier aller Länder vereinigt euch", folgte nun der Ruf an die Völker Europas: Schafft euch eine gemeinsame Zukunft.

20.

Im großen Garten, den Udo und ich mit viel Liebe umgestaltet hatten, ließen wir uns einen hübschen Altersruhesitz bauen, in dem wir seit rund zwei Jahrzehnten wohnen. Das kleine Haus samt Betrieb wurde der nachkommenden Generation übergeben. Mit meinem Mann bereiste ich weite Erdteile. Drei Enkelsöhne bereicherten nach und nach mein Leben. Udo hatte mit seinen Fechtern Länder bereist, war zu Turnieren auch nach Ungarn gefahren und hatte eine Vorliebe für Land und Leute entdeckt. Später unternahmen wir auch gemeinsame Reisen dorthin.

Im Alter, bereits einige Jahre nach dem Verschwinden der trennenden Mauer und des Stacheldrahts durch Europa, nahm in mir der Wunsch immer deutlicher Gestalt an, die Stationen meines Lebens noch einmal aufzusuchen. Ich wollte die Stätten wiedersehen, wo ich die Kindheit und Jugend verbracht hatte, wollte die Jahre beruflicher Ausbildung und Praxis aufleben lassen, um eine glückliche Erinnerung zu festigen.

Welche Freude empfand ich in Weimar, als ich wie in jungen Jahren die geschwungene Treppe in der altehrwürdigen Musikhochschule Stufe für Stufe empor sprang, bis zu dem Raum, wo mich einst Professor Hauschild am Flügel erwartete
„Na, mein Mädchen, beginnen wir mit dem Einsingen", sagte er jeweils am Beginn der Unterrichtsstunde.
Heute blieb die Tür verschlossen, es war schon Spätnachmittag geworden und einen Professor Hauschild gab es wohl kaum mehr hier.
Zum gegenüberliegenden Staatstheater ging ich bedächtigen Schrittes, den Blick wie seinerzeit auf das Goethe- und Schiller-Denkmal gerichtet.
Im Theater war die Saison bereits beendet, und so streifte ich durch die Gänge, vorbei an den Proberäumen, aus denen kein Klang, kein Gesang ertönte. In der Stille des großen Hauses konnte ich mich ganz meinen Erinnerungen hingeben.
Im leeren Ballettsaal sah ich mich noch einmal als junge Spitzentänzerin während der harten Proben, begann mit einem „Grand plié" (große Kniebeuge in fünf Positionen) und drehte ein paar schon wacklige Pirouetten. Dann lief ich hinunter zur großen Bühne, die der sogenannte eiserne Vorhang vom Zuschauerraum trennt, er dient der Sicherheit bei Feuergefahr. Wie häufig hatte mich hier Applaus empfangen, wenn ich die Bühne mit beschwingten Beinen durchtanzte, in Spagatsprüngen durch die Luft wirbelte und beim letzten Takt der Musik nach anhaltenden Pirouetten gezielt stand. Ein großartiges Erlebnis vergangener

Tage, denen ich noch eine elegante Verneigung zollte, denn hier war für mich schon lange der Vorhang gefallen.

Den Abschluß dieser Reise bildete ein Besuch des Konzentrationslagers Buchenwald mit seiner grauenvollen Vergangenheit.

Anders zeigte sich mir Guben, die halb deutsche, halb polnische Stadt. Das Theater auf der Insel hatte vor Kriegsende eine Bombe dem Erdboden gleich gemacht. Die Brücke auf die Theaterinsel, die ich früher zu Proben und Aufführungen, mit kurzem Blick auf die schönen weißen Schwäne überquerte, gab es auch nicht mehr. Schon auf der Brücke erfaßte mich häufig das Lampenfieber, bevor ich meine Garderobe betrat, mich vor meinen Schminktisch setzte und mir die Garderobiere in die historischen Kostüme hinein half. Eingetroffene Blumensträuße ordnete sie dekorativ am Nebentisch an.

Manchmal hing auch eine Träne dabei an ihren Wimpern.

„Zuckertäuberl," so nannte sie mich seit meiner Rolle in der Operette „Wiener Blut", in der mich mein Partner mit dem Kosenamen besang, „Zuckertäuberl, gehen Sie nicht nach Breslau, bleiben Sie bei uns."

„Anni," erwiderte ich, „solange Krieg ist, bleibe ich hier. Und wer weiß, wann er zu Ende geht. Dem Vorvertrag nach Breslau komme ich erst nach, wenn ich ins Opernfach überwechseln werde."

Die Friseuse zupfte noch eifrig an meiner Perücke und befestigte ein paar Haarnadeln, dann zog Anni die Schnüre der Krinoline fester, als schon der Inspizient das dreifache Klingelzeichen in der Garderobe ertönen ließ, das mich zum sofortigen Auftritt auf die Bühne rief ...

Schloß Bärenklau, mit dem großen Schloßhof und Park brachte, trotz seines vernachlässigten Zustands, glückliche Erinnerungen zu Tage. Erinnerungen, die einmal eine ganz andere Zukunft aufleuchten ließen.

Der Park war jetzt blumenlos und ungepflegt, das Schloß verschlossen, in dem zu DDR-Zeiten ein Kinderheim seinen Platz gefunden hatte. Der Besitz war dem Eigentümer ohne Hoffnung auf Rückgabe enteignet worden.

Meiner Reise in die Vergangenheit hefteten keine Illusionen an. Man kann nach einem halben Jahrhundert nicht vor Ort das wieder finden, was einmal war. Trotzdem beglückte mich das Auffinden von Plätzen und Orten mit längst vergangenen unvergeßlichen Impressionen. Für bewegte Momente sah ich alles mit den Augen früherer Tage.

Lange suchte ich bei einem Ausflug nach Polen jene Dünenlandschaft, die meiner Jugend entscheidende Impulse fürs Leben mitgab. Galt es doch, die immer wiederkehrende Sehnsucht nach dieser Landschaft zu befriedigen, von der ich mich nie in Gedanken losreißen konnte. Begleitet von meiner Tochter Krisztina durchfuhren wir mit dem Auto einsame Landstraßen und Alleen, mit dem Baumbestand aus meiner Jugendzeit, der sich jetzt wie ein Domgewölbe über uns ausbreitete. Oft verharrten wir schweigend unter sich in majestätischem Wuchs empor strebenden Laubbäumen, die den Himmel verdeckend sich in ihren Kronen zusammenschlossen. Fuhren vorbei an sich in unendliche Weiten dahinziehende Getreidefelder, soweit das Auge reichte. Die Natur zeigte noch ihre unveränderte Beschaffenheit längst vergangener Zeiten. Aus jenen grüßten auch alte bescheidene Bauernhäuser von ihren sie wild umwachsenden Gartenblumen fast eingeschlossen. In den mir noch bekannten Kleinstädten herrschte ruhige Gelassenheit, zum Teil fand ich baulich reizvolle Häuser hübsch saniert vor.

Aus einer im 14. Jahrhundert erbauten Backsteinkirche drang der Gesang eines Chorals. Die großen viereckigen Quadersteine der Fußgängerwege mahnten beim Begehen oft zur Achtsamkeit. In dem fast hundertjährigen Belag zeigten sich Brüche oder Senkungen der Platten, auf denen ich als Kind so gern mit Kreide gemalt hatte.

Die Küstenstraße führte an dichten Kiefernwäldern entlang, von großen Süßwasserseen unterbrochen, wo sich in den von Schilf umwachsenen Gewässern ein reicher Fischbestand tummelte. Wir durchquerten den Wald, bahnten uns mühsam einen Weg, der Boden war von abgefallenen Kienäpfeln der Kiefern bedeckt, wir liefen durch unwegsames Gelände zum Meer, dessen Rauschen wir vernahmen. Die trockene Zapfenfrucht der Kiefern diente uns früher als Brennmaterial fürs Lagerfeuer in den Mulden der Sanddünen nach Sonnenuntergang.

Der Wald lichtete sich, und durch den heißen Seesand kletterten wir über die ansteigende Düne zur Küste hinauf. Vor uns lag das grünlich schimmernde Meer mit seinen weißen Schaumkämmen und strahlte mit dem endlos langen weißen Sandstrand die friedliche Ruhe jener glücklichen Kindheitstage aus.

Mich erfaßte Dankbarkeit bei diesem Anblick, der Frieden in mein Gemüt einkehren ließ.

Meine Küste, meine Heimat!

Sechzig Jahre lang habe ich dich nicht gesehen.

Wir setzten uns in eine Mulde, von Dünengras umgeben, dessen filigrane Halme sich im Windspiel auf und ab neigten. Lautlos zogen die Möwen umherkreisend ihre Runden in ungleichem Geflatter. Mal sank die Gruppe im Flug auf kleine Wellen nieder und schaukelte im Rhythmus des Meeres. Dann wieder setzte eine von ihnen zu erneutem Flug an, dem die Schar folgte, schwebte in der Luft am Ufer. Leise erzählte ich meiner Tochter aus der Vergangenheit verflossener Tage mit meinen Eltern, die schon lange nicht mehr lebten, mit denen ich hier glücklich war.

Als Abschiedsgruß von dieser Region schnitten wir ein paar Dünengräser und pflückten am angrenzenden Wald auf der Düne die zartgelben Immortellen vom heimatlichen Boden.

Der Ausflug in die Vergangenheit führte mich auch noch einmal in die schöne Heimatstadt Stettin mit ihrer imposanten Hakenterrasse und dem früheren Regierungsgebäude am bedeutenden Hafen. Auch der Kinderspielplatz bei unserer ehemaligen Wohnung aus den unruhigen Jahren vor 1933 lebte in mir wieder auf.

In der von Armut geprägten Zeit lief der Händler neben seinem Verkaufswagen, den ein Pferd zog, laut rief er mit der Glocke läutend sein Gemüse und Obst aus. Er blieb vor dem in U-Form gebauten Mietshausblock stehen, wir Kinder liefen zum Wagen und warteten auf eine Doppelkirsche, um sie ans Ohr zu hängen, oder hofften auf einen Apfel als Geschenk. Dann erschienen die Hausfrauen mit ihren Einkaufsnetzen in den Haustüren.

Sie versammelten sich gleichzeitig zur Klatscherei über andere Bewohner oder diskutierten, ob Hitler wohl an die Macht käme. Lauthals schimpften sie über die arbeitslosen kriminellen Luschen, die an den Straßenecken abends für Überfälle sorgten. Die Mütter tratschten weiter, während schon der Eismann mit seinem zweirädrigen Karren um die Ecke bog, und wir Kinder den in Gespräche verwickelten Frauen einen Groschen für ein Waffeleis entlockten.

Der Fischhändler kam, schrie vom Wagen durch die Gegend, pries die frische Räucherware und Fische aller Art an. Er war bei uns Kindern als Geizhals verschrien, weil er uns nie eine Kieler Sprotte schenkte. Fischgerichte waren damals die Mahlzeiten der Armen, weil Fisch spottbillig zu haben war. Manchmal endete dieser „Einkaufsbummel" auf der Straße zwischen den Hausfrauen wegen der politischen Themen mit einer handfesten Streiterei, der wir Kinder belustigt zusahen, bis die Zuspitzung der Meinungsverschiedenheiten die Frauen fluchtartig auseinander trieb. Politisches Geschehen bewegte den Tagesablauf.

Das damals in rauchenden Trümmern liegende Berlin des Frühjahres 1945 genießt heute schon lange den Ruf einer internationalen Metropole mit dem Flair einer Weltstadt. Auch das historische, neu erbaute Hotel Adlon zeigt sich wieder in neuem Glanz und gediegener Eleganz seinen Gästen. Als Abschluß meiner Reise in die Vergangenheit verweilte ich mit meiner Tochter zur Teestunde in der Lobby, die vom Pianisten dezent mit Variationen der Filmmusik aus den dreißiger Jahren begleitet wurde.

So schloß sich der Kreis meiner Erinnerungen, und ich kehrte in mein Haus mit dem großen Garten zurück.
Bei klassischer Musik und Operklängen genieße ich den Lebensabend, sitze am Kaminfeuer mit schöngeistiger Lektüre, schaue hinaus in meinen märchenhaft verschneiten Garten, denke an ein Leben zurück, von dem ich acht Jahrzehnte bewußt betrachtet, mal erleidend durchschritten, mal mit Freude begriffen habe. Ein Gedanke gibt seit Jahren Grund zum inneren Frieden.
Verloren ist die Heimat nicht mehr, im vereinten Europa kehrt sie zurück.

21.

In das freie und demokratische Ungarn reisen mein Mann und ich seit Jahren, wo nicht nur die Kontakte zur Verwandtschaft intensiviert wurden, sondern wir auch viele neue Freunde gefunden haben. Jahraus, jahrein erwartet man uns am Balaton zu den vor überquellender Fröhlichkeit zünftigen Weinlesen, an den ausgelassenen Abenden haben sich herzliche Freundschaften entwickelt.

Nun schmücken unseren großen schönen Garten im Allgäu Blumenpflanzen und Ziersträucher aus ungarischer Erde, die man uns oft beim Abschied mit gibt und welche der Verbundenheit mit Land und Leuten besonders in den Zeiten des Blühens ein farbenfrohes Zeichen setzen. Ein kleiner wendiger und rasant schneller ungarischer Hirtenhund springt durch unsere Wiesen, als wolle er die weite Puszta umrunden.

Worin liegt das Geheimnis der Anziehungskraft dieses Ungarnlandes, das selbst seine Söhne, die während der Revolution mit dem Vorsatz flohen, nie wieder zurückzukehren, heute im vorgerückten Alter erneut ansässig gemacht hat? Gern bekenne ich, auch mich reizt sein Zauber zur steten Wiederkehr.

Die urwüchsige Natur mit leuchtenden Mohnfeldern, von duftenden Fliederbäumen umsäumte Landwege, verfallende Burgen, die stillen schilfumwachsenen Seen, in denen der Reiher stolz und regungslos gen Himmel blickt, weißgetünchte Häuser mit ihren üppig blühenden dunkelroten Geranien verbreiten einfach malerische Impulse. Am Dorfende sitzt mit runzligem Gesicht schlaftrunken nach der Feldarbeit der alte Bauer auf der schmalen Holzbank vor seinem Häuschen. Natur und Mensch senden noch Beschaulichkeit in den Alltag.

In der weiten Puszta stehen die rassigen Pferde am Abend nach langen Ritten still vor der Tränke an dem alten Holzziehbrunnen, und der flinke Hirtenhund döst liegend in die aufkommende Dämmerung.

Nach einer Weinprobe beim alten Winzer Laci begleitet er Udo und mich, wie seit etlichen Jahren, auf dem grünen Rasenweg zwischen den prallen Reben an den Weinstöcken ein Stück des Weges und verabschiedet sich.

„Also servus ihr beiden und Gott segne euch!"

Vor dem Gartentor zu unserem ungarischen Domizil warten unsere Gastgeber Eva und Feri auf unsere Heimkehr, wo sich auch Nachbarn zu einer Abendplauderei einfinden. Gemütlich sitzen wir bei einem Umtrunk beieinander und ich muß erzählen, immer wieder erzählen von den Zeiten, als ich noch in Ungarn lebte, von schlechten und guten Tagen, in denen meine jetzigen ungarischen Zuhörer noch Kinder waren.

Nachdenklich verbringe ich den lauen Sommerabend allein auf der Terrasse vor der von Eva für uns liebevoll eingerichteten Wohnung. Sie hat sie mit Blumen geschmückt, ihr Wein steht immer griffbereit und die Behausung nenne ich „das Schwalbennest". Von den gegenüber liegenden Hügeln blinken die Lichter der zwischen Bäumen halb versteckten Häuser herüber, durch die sich mit ihren Leuchten die Straße wie eine Perlenkette hinzieht. In den Wiesen zirpen die Grillen und eine Schwalbe beendet den Abendflug auf einer Stromleitung, um in ihr Nest unter dem Dach zu fliegen. Es herrscht Stille, nur die Tur-teltaube gurrt noch in die Dunkelheit hinein. Vor meinen geschlossenen Augen erscheinen Bilder: Die Puszta, in der auf seinem Hengst der Csikós (Reiter) durch die Weite jagt. Der sanfte Wind weht plötzlich aus der Ferne ungarische Zigeunerklänge zu mir herüber und vor meinen Sinnen erscheint eine Gruppe tanzender junger Mädchen in prächtigen bunten Trachtkleidern. In ihren wirbelnden Tanz reihe ich mich ein.

Tanz und Musik war mein Leben!

Das Traumbild entschwindet und ein Wunsch beseelt meine Gegenwart: Ungarland mit deinen großen Dichtern und freiheitlichen Denkern, erblühe in Freiheit zu dem Land, das deinem kulturellen Erbe würdig ist...
Heute liebe ich dich.
Vielleicht habe ich dich unbewußt immer geliebt, sowie ich von deinen Menschen geliebt wurde und noch immer werde.
Bevor mich der Schlaf einholt, bewegen mich die Worte eines Dialogs aus der Vergangenheit.

„Jede deiner Bewegungen ist Tanz und mit ihnen Ausdruck deiner Persönlichkeit, einer verinnerlichten grazilen Beschwingtheit deines Wesens."
„Ich kann nicht anders sein, im Tanz liegt der Ausdruck meiner Seele, und ich möchte nur tanzen bis ich einmal sterbe."
„Sterben? – Ach, für uns Ungarn stirbst du nie! Nur - - - eines Tages wirst du nicht mehr da sein ..."

Danksagung

Meinen herzlichen Dank sage ich dem

Schriftsteller Imre Török

für seinen ermunternden Zuspruch während meiner Schreibarbeiten. Mit nützlichen Anregungen stand er mir zur Seite und begleitete mich durch eine Zeit intensiven Schaffens.

Sabine Török setzte meine von Hand geschriebenen Aufzeichnungen in den Computer um.

Hildegard Kappler, Buchhändlerin in Leutkirch im Allgäu, unterstützte motivierend zeitweilig meine Arbeit durch Lesungen aus dem in Arbeit befindlichen Manuskript vor einem kleinen, aufgeschlossenen Kreis.

Über die Autorin

Gerti Michaelis Rahr ist 1921 in Stettin geboren. In der Schulzeit beginnt ihre Ausbildung zur klassischen Tänzerin und Sängerin. Nach ihrem Engagement in Stettin steht sie als junge Künstlerin mit neunzehn Jahren bereits als gefeierte Tänzerin auf der Bühne des Staatstheaters in Weimar.
Der Krieg unterbricht ihre Karriere, die Verschleppung in die Sowjetunion 1945 zwingt ihr einen gänzlich neuen Lebensweg auf.
In dem ihr fremden Ungarn, wohin sie das Schicksal führt, meistert sie unter schwierigsten Bedingungen das Leben. Es ist die dritte Diktatur, die sie kennen lernen und dieses Mal für achtzehn Jahre erdulden muß. Der Tanz bleibt weiterhin die Bestimmung ihres Lebens, sie wird diplomierte Ballettmeisterin und bildet den talentierten ungarischen Ballett-Nachwuchs aus.
Erst 1963 kommt Gerti Michaelis Rahr aus dem Zwangsaufenthalt in Ungarn nach Deutschland zurück.
Mit achtzig Jahren blickt sie auf ein historisch wie persönlich ereignisreiches Leben zurück und beginnt ihr erstes Buch „Der Vorhang fiel" zu schreiben.

demand. Reihe: Lebensgeschichten

Elisabeth Maschler

Im Gürtel des Orion

Geschichten um ein Leben in
Süd-Brasilien und Deutschland

Die Autorin Elisabeth Maschler begibt sich - wahrscheinlich zum letzten Mal – auf die Reise nach Brasilien, um noch einmal ihre Verwandten und viele ihrer Freunde wiederzusehen. Ihr erstes Ziel ist São Leopoldo, die Stadt, in der sie geboren und aufgewachsen ist und die mit der Geschichte der deutschen Auswanderung nach Brasilien und damit der Deutschbrasilianer in engem Zusammenhang steht. São Leopoldo liegt im südlichsten Staat Brasiliens *Rio Grande do Sul*, der ungefähr so groß ist wie die heutige Bundesrepublik. Elisabeth Maschler hat Brasilien, das Land ihrer Geburt und jungen Jahre, 1956 mit ihrem Mann und vier Kindern schweren Herzens verlassen, um in einem kleinen Schwarzwald-Kurort neu anzufangen. Ihr Mann, Auslandslehrer und gebürtiger Breslauer, durch den 2. Weltkrieg in Brasilien hängen geblieben, war vom Land Baden-Württemberg wieder in den deutschen Schuldienst übernommen worden.
Doch die Erinnerungen an die südbrasilianische Heimat haben sie nie losgelassen. Im Rahmen ihrer Reise erzählt sie von ihrem früheren Leben als Deutschbrasilianerin der dritten Generation, von den Lebensbedingungen der deutschen Einwanderer, den kulturellen Leistungen, die eng mit dem Namen ihres Großvaters Rothermund verbunden sind. In ihren Erinnerungen und Erzählungen wird die Zeit deutscher Einwanderer Südbrasiliens in der ersten Hälfte des 20. Jahrhunderts wieder lebendig; die persönliche Sicht der Autorin zeigt darüber hinaus aber auch den erstaunlichen Entwicklungsgang einer lebensmutigen Frau.

ISBN 3-935093-22-5

demand. Reihe: Lebensgeschichten

Paola Reinhardt

Lilli

Roman einer Kindheit und Jugend

Der Roman erzählt die Geschichte der Kindheit und Jugend von Lilli Helmer, die in der scheinbaren Geborgenheit eines kleinen Dorfes in Nordrhein-Westfalen aufwächst. In genauen und unsentimentalen Schilderungen des ländlichen Alltags in der NS-Zeit und vor allem während des II. Weltkriegs, der zunehmenden Zerstörung der Idylle, aber auch der Hoffnungen und Glücksmomente einer jugendlichen Liebe entsteht das eindrückliche Bild einer heranwachsenden
jungen Frau jener Zeit.
Lilli, nach dem Krieg in die schwer zerstörte Stadt Paderborn gezogen, begreift mehr und mehr, dass nicht die Kriegsmaschinerie dem Einzelnen etwas antut, sondern der Mensch dem Menschen – im Krieg wie im alltäglichen Leben. Vor dem Hintergrund der deutschen Nachkriegszeit entfaltet sich so eine intensive, schmerzvolle Liebesgeschichte zwischen Lilli und Rudolf, der jedoch nur mit den Gefühlen der jungen Frau spielt. Indem sie dies zu durchschauen lernt, reift Lilli zur starken, selbstbewussten Frau heran, die ihr Leben in die eigenen Hände nehmen kann. Eine anrührende, beeindruckende Liebes- und Entwicklungsgeschichte, die durchtränkt ist vom wachen Eigensinn und dem bisweilen köstlichen Humor einer starken Frauenfigur.

ISBN 3-935093-31-4